芸術家たちの精神史

日本近代化を巡る哲学

伊藤 徹 *ITO Toru*

ナカニシヤ出版

芸術家たちの精神史　目次

芸術家たちの精神史

——日本近代化を巡る哲学——

装丁　高橋耕平
イラスト　池口友理

序章　日本近代精神史と有用性の蝕

† 生の可能性への知的態度としての歴史

「伝統とは石ころがそこにあるように、あるものではない」（高橋和巳 一九七八、二七七頁）——圧倒的な影響力をもって迫ってくる西洋を前にして、その模倣的移植ではなく「伝統文化の継承」を選び取った岡倉天心について、「七〇年安保世代」にとって忘れがたい作家の一人・高橋和巳が残した言葉である。「国粋主義者」に見える岡倉にとって、継承すべき「伝統」なるものが、けっして所与の固定的な遺産ではなく、戦い取られ創造されねばならないものであり、そうした努力なしには、自己の存立も危うくなるという自覚が岡倉の内にあったことを、高橋はこの言葉によって示そうとした。

「伝統」についての高橋のこの言葉は、「歴史」というものの存在性格を、端的かつ、きわめて正しく捉えている。「芸術家たちの精神史」という言葉をタイトルに掲げた本書も共有するこの理解によれば、いやしくも歴史を語ることは、同時に己れの生の可能性を問うことでなければならず、「客観的実証的」な「歴史的事実」など、自己の主体を事象から切断し安全な位置に置いた上で、そこからこれを眺める態度によって生み出された、それ自体一個の虚構にすぎない。仮に歴史を「調査」や「確認」の対象とすることがあったとしても、もしもそれが、そのもう一つ手前で、自己の生への問いをもっていなかったとするならば、そしてそれだけで充足してしまうものであったとするならば、たとえ「知的学問的」に見えようとも、好奇心の内に散乱していく欲望の消費でしかない。そういう意味で私は、歴史が「事実」についての学問である以前に、生の可能性へと向けられた知的態度でなければならないことを、まずは確認しておきたいのであって、日本の近代に現われた芸術家たちを扱うにしても、今生きる私たち自身の生の問題へと、本書の思考は常に戻ってくるのである。

† 有用性の蝕——科学技術化がもたらしたもの

ならば今日私たちにとって、問われるべき事柄とはなにか。それは、テクノロジーがもたらした人間的生の基本的状況であり、本書は現代世界のこの根本動向に潜む問題的事態を「有用性の蝕」という用語をもって指し示す。

テクノロジーとは、あらゆるものを有用化していく運動である。そもそも有用なものとは、手段であり道具であるゆえ、この動向は一切の手段化・道具化だといいかえてもよい。手段は、必ず目的を必要とする。目的の表象を欠いた「手段」は、手段ではありえない。さらに目的は、手段となる存在者の外部に置かれる。「自己自身を目的とする手段」は、十九世紀から二十世紀にかけて現われた「芸術のための芸術」に例をとればわかるように、当のものを本来的な意味での手段から区別するための反転的な規定にすぎない。したがって有用化とは、或る存在者を手段の位置に立て、目的たる別な存在者へと関係づけることだといえる。有用化それ自体は、制作する存在者としての人間《ホモ・ファーベル》の根本的な可能性から発露することとして、道具使用一般、いや人間が存在することそれ自体にいえることだが、近代以降のテクノロジーは、手段・目的のこの関係づけを無際限に追求していくところに、その特徴をもち、さらに特異な帰結をもたらす。

その帰結は、有用性そのものが無意味化もしくは空疎化するという点に見出される。どうして有用性の追求が有用性を破壊することになるのか。或る手段の目的として措定された別な存在者は、テクノロジーがあらゆるものの有用化・手段化である限り、自足的な目的的存在に留まることができず、もう一つ別な存在者のための手段の位置を同時に担わされる。さらにこの第三の存在者もまた、第四の存在者のための手段にならざるをえず、したがってこうして紡ぎ出されていく手段・目的の連鎖は、有用化が徹底される限り、どこまでいっても終わることはない。終わりがエンド、つまり目的でもあるならば、終わりなき連鎖とは、そのまま目的の不在と同義である。要するにテクノロジーが可能的に目指す、あらゆるものの有用化は、どこまでいっても終わり／目的《テロス》のない連続を生み出すことになる。だとすると、この連鎖は、この世界からの目的の追放を意味することになるのであり、目的なき手段、目的なき有用物がそれ自体矛盾だとすれば、テクノロジーという有用性の徹底化は、パラドクシカルではあれ、有用性そのものを無意味化させることになるのである。

なるほど私たちは、比類なく便利な時代に生き、しかもその便利さが日々更新されていくことを、望ましいことだと信じている。だがこの「便利さ」の追求自身が、便利であること、すなわち有用であることを内から蝕んでいる——これがテクノロジーの時代の人間的生の基本的状況なのである。

† 神話——捏造される目的

もっとも私たちは、こうした状況にどこかで気づいていて、実際不安になったりするし、この不安を払拭するために、なんらかの目的のイメージを自らに課そうとしたりもする。目的なき行為は、単なる運動にすぎないのだから。そうして生み出される目的イメージは、その都度異なった形をまとって現われるが、多くは、人間存在として、あるいは人間存在とともに、表象される。たとえばそれは、自己自身であったり、自己と関係の深い家族や友人であったりする。さらにその延長線上の、あるいはそれを超えた共同体、たとえば国家や民族、もしくは階級といったものでもありうるし、場合によっては、もっと超越的なもの、つまり神などの特殊な存在者と結びつけられたりもする。そのようにして私たちは、有用性の連関に「終わり」をもち込み、この連関を意味あるものとして保とうとするのだが、テクノロジーの展開が、あらゆるものの有用化である限り、こうした「目的」表象は、あくまで暫定的なものにすぎず、これまた遅かれ早かれ、別ななにものかの手段となっていかざるをえない。

たとえば近代世界は人間存在、とくにその個的存在に無限の価値を置くことによって、これを絶対的目的の位置に押し上げたのであり、ヒューマニズムは、こうした歴史的布置の思想的表現であった。しかしながらその一方で、やはり同じ時代を貫いて発展してきたテクノロジーと産業化は、人間を労働力として徴発したのであり、そのなかで人間は自らの価値体系の中心を自己に置いたとしても、己れを維持するために、ほかならぬその自己をなんらかの目的のために役立つ「人材」として位置づけるほかなくなるのである。有用性の徹底化は、個的存在であれ集団的存在であれ、人間をも有用化し、最終目的の位置を実のところ奪い去っている。ヒューマニズムがときとして残忍な行為を是認することにも、そうした現代の人間の位置が露呈している。

本書の各章が主として扱うのは、こうした目的表象とその変化であり、そのなかでの人間の生きざまである。目的表象へと関わるこの生きざまに具体的なかたちを与える者のことを、本書は「芸術家」と呼ぶ。生のかたちを産出《ポイエイン》する者として、「詩人《ポエット》」と名づけてもかまわない。彼らが産出する目的表象を軸とした語りは、基本的に「不可侵のもの」として抱かれるのであり、本書がこれを「神話」という言葉でも呼ぶのは、そうしたところに理由がある。にもかかわらず、それは有用性の蝕を覆い隠す暫定的可変的な虚構であるため、「永続的なもの」として保持されることによって、そのまま自己欺瞞《ぎまん》の性格を帯びる。ただし、この自己欺瞞に対する自覚の可能性も、人間存在には属しており、それがおそらく人間にとってもちうる「最良」の「知性」とか「良識」とか呼ぶに値するものだと私には思える。もっともそのような知的可能性も、神話的虚構から完全に離脱した「純粋」なものではありえないのであって、そうした「覚醒」の可能性の想定自体、また別な一個の神話的虚構の創出でしかない。したがって本書が直接的な主題とする神話もしくは虚構への芸術家たちの関係の仕方は、神話への自己欺瞞的依存だけでなく、懐疑と宿命的な被束縛の意識とがないまぜとなった複雑な様相を呈することになるはずである。

†日本近代精神史の下図

上述のように、本書の「歴史」への態度は、たえず生の現在の地点との関係の上に立つものであり、したがって年代記のように「歴史」を外から眺めるような視点など、本質的には不可能なものと考えている。第一章の高橋由一《ゆいち》も、第五章の寺山修司も、基本的には、生の現在の地点に立ち現われる形象なのであり、本書の諸章は、そういう意味で現在から「等距離」にある登場人物たちとのそれぞれ独立した対話の結果である。

だが読者諸兄姉の便宜のために、日本近代精神史の一つの俯瞰《ふかん》図を与えておくことも、意味のないことではあるまい。山道を歩く者には、概念図程度のものであれ、地図が必要ではあろうから。もっともここで提供できる地図は、私自身が対話を遂行するために設定してみたものであり[1]、これ自体もまた一つの虚構にすぎず、変更の可能性に開かれていることは、いうまでもない。

この下図は、明治維新（一八六八年）から日露戦争（一九〇四－一九〇五年）までを第一期とする。この時期日本の知識人や芸術家たちが抱いていた虚構は、独立国家としての「日本」である。西洋列強の接近とそれがもたらした植民地化への恐怖は、一国独立を彼らにとっての生の目標として課したのだが、この目的のためには、西洋化・近代化は不可避の手段だった。そのことは、家共同体の紐帯によって結ばれていた旧来の生の連関を内側から蝕んでいくのであり、第一章の登場人物である高橋由一や第三章で扱う浅井忠《ちゅう》にはなお残っていた、この連関は、夏目漱石や森鷗外といった知識人に到ると、痛ましい喪失感のなかで幻影のように現われてくるのである。このような内的腐食の期間の始まりを本書は、第一章で見るように、一八九〇年頃まで遡って設定しているが、それは明治新政府が西南戦争に代表される内政的危機を脱して国内の整備をなんとか成し遂げた時期に当たる。さらにこの期間は、近代化によってその紐帯を切断された個人が都市へと集中していく時代として、第二期を準備した。

日露戦争の勝利と関東大震災（一九二三年）によって前後を画されるこの時期は、「自己を活かす」という『白樺』派の標語で表わされるように、個人が国家に代わって、神話的虚構の位置につく。本書では、第一章の岸田劉生《りゅうせい》にこの時代の精神の一端を見ることになるが、劉生自身が歩んだ軌跡に示されるように、芸術の「アルファにしてオメガ」とされた「自己」の内実は、本質的に危うさをもつものであり、「個性」の原点を求めるかたちで、東洋的なもの・日本的なものへの回帰も始まっていく。

本書では、直接扱う機会を得なかったが[2]、震災後、個人の神話は衰退し、階級もしくは党派という集団へと依拠するコミュニズムとそれへの政治弾圧を経て、今一度国家もしくは民族の神話が語られる第三期が続くことになる。ここでいう「国家」と第一期の明治国家との相違点は第三章末尾でわずかながら触れる問題であり、その詳細な展開は今後の精神史的課題として残るが、昭和期の国家主義の先駆に祭り上げられた岡倉天心の姿勢は、この課題を果たすための対照軸を与えてくれるだろう。

さらに太平洋戦争敗戦によって昭和の国家神話が瓦解した後に現われるのは、図式的にいえば再び個人主義の時代であるが、第四章で述べるように、否定の力によって立ち上がる岡本太郎の主体性の神話は、「天命」や「人類への貢献」などによって肯定される第二期の『白樺』派の「自己」とは、大いに異なる。また岡本より若い寺山修司は、活動期は重なるものの、虚構と自己存在との関係への意識など、岡本とは少なからざる差異を示すことになる。

こうして見ると国家と個人が交替する下図は、なるほど埋めるべき穴がたくさんあるものとして、杜撰《ずさん》の誹《そし》りを免れないものだが、本書の課題は、日本近代精神史の精緻《せいち》なマップを作ることではなく、テクノロジーがもたらす有用性の蝕のなかの生の可能性への問いに思考を開くところにある。そういうこともあって、たとえ粗雑なものであろうとも、この問いに向かっていく本書の精神史的対話の道をともに歩むための手助けになればと、ここに書き留める次第である。

† 哲学としての「精神史」

本書は、「精神史」という名称を掲げているものの、述べてきたとおり、けっしていわゆる「歴史学」の書物ではない。過去との対話は、あくまで現在の生の可能性への問いに向けられたものだと、まずは述べた。過去の芸術家たちがそれをもって生き考え創作したベースとしての神話的虚構を巡る、ここでの私の対話は、さらにもう一歩、さまざまな神話が生成消滅する場所へ、踏み込もうと意図するものでもある。

この場所は、それ自体としては見えないものだし、またさまざまな神話によって覆い隠されてもいるのだが、そうした虚構のほつれから、わずかに顔を覗かせるのであり、私としては、そうしたチャンスを捉えて、この隠された場所を言説化してみたかったのである。それは、この場所へ一瞬なりと降り立つことなしには、神話の相対化、つまりそこからの自由の根拠をうることができないだろうし、したがって交替するものとはいえ不可避的にまとわりつく神話のなかでの生き方を考える手がかりなど得られないと、思われたからである。

私の意図が成功したか否かは、読者諸兄姉の判断に委ねるほかないのだが、夏目漱石の「淋しい自己」にしても、岸田劉生の「デロリズム」の地平にしても、岡本太郎の「透明な混沌」にしても、そして寺山修司の「大いなる時」にしても、私にとっては、対話のなかでそうした場所が垣間見える瞬間を与えてくれると思われたものだったのであり、最終章では、彼らとの対話から得られた経験を踏まえ、有用性の蝕の時代におけるもう一つ別な生き方への示唆を提示するつもりである。

本書の思考が意味あるものとして認められるとするならば、私としては、これをあえて「哲学」の名前をもって呼びたいと思う。「哲学」とは、それが己れ自身と世界とを反省する知的営みであるならば、内外の「古典」、もしくは流行の思想を取り込み、これを「精密」に読解することに尽きるものでは断じてない。少なくとも自らの問いなくして、高名な哲学者のテクストを舐めるように読んでも、それは徒労にすぎない。そもそも思想に関してその「神髄」なるもの、具体的には「カントそのもの」だとか、「アリストテレスそのもの」だとかいったものがあるのかどうか、あるいは「正統な解釈」といったものがあるのかどうか、そうしたことからして、問わねばならないとも思うが、なんらかの「正統性」を設定し、それへの接近をもって「哲学」と思っている向きから見ると、「王道」の「哲学者」とは異なる、場合によっては岡本太郎や寺山修司など「お笑いタレント」や「覗き魔」とみなされかねない「怪しげ」な人物たちまで取り上げた本書は、「哲学」として認めがたい代物かもしれない。けれどもたとえ未成熟であろうとも、また非力であろうとも、自ら考える姿勢を示したものとして、私は不羈《ふき》なる勇気をもって以下六篇の小論を「哲学」の名のもとで上梓したいと思う。

六篇は、**付記一**に示す通り、それぞれ独立して書かれたものであり、かなり改稿し多少なりと連続性を意識したところもあるが、興味ある人物のところから読み始めてもらって、一向にかまわない。むろんそれは上記の通り、どの論考の中核にあるのも、「有用性の蝕」のなかでの生き方への問いだからである。

付記一　各章の初出等の情報は、以下の通りである。第一章——書き下ろし、第二章——「模倣のなかの日本近代」(『京都教育大学紀要』第一〇七号、二〇〇五年)、第三章——「浅井忠というデザイナー」(井上克人編『豊饒なる明治』関西大学出版部、二〇一二年)、第四章——「岡本太郎・主体性の神話——対極主義とその亀裂」(京都工芸繊維大学紀要委員会編『京都工芸繊維大学 学術報告書』第四巻、二〇一〇年)、第五章——講演 „Terayama Shūjis Film *Den'en ni shisu* (*Sterben auf dem Land*) —Ein Selbstbildnis aus dem Jahr 1974—"(二〇一三年十月、チューリヒ大学、ミュンヘン大学、改題改稿のうえ二〇一四年十一月レーゲンスブルク大学で実施)、第六章——シンポジウム報告「科学技術時代の「もの」——有用性の蝕とその空間」(二〇一四年度日本建築学会(近畿)・建築歴史・意匠部門研究協議会「阪神・淡路大震災/東日本大震災後の建築——建築技術の根幹を問う」神戸大学国際文化学部、二〇一四年九月)。

付記二　本書で人物に言及する場合、たとえば本名「夏目金之助」ではなくペンネーム「漱石」、逆にアーティストネーム「浅井黙語」もしくは「浅井木魚」ではなく、本名「浅井忠」といった具合に、基本的に通称として通っている名前を採用した。「鷗外」と呼んで、「修司」と呼ばず「寺山」と呼称するという形式的な不整合も、通例に倣ってあえて採ったものである。父・銀香に言及することもあって岸田劉生を、「劉生」とした結果、同章での登場人物高橋由一もまた「由一」としたが、適切か否か自信はない。

引用テクストの原典は、旧字を含むものが多いが、原文の雰囲気を尊重しながら、読みやすさを考慮して、ルビを加除するなど若干の加工を施してある。御寛恕を乞う次第である。

第一章　二つのリアリズム

——高橋由一と岸田劉生

一　動揺する芸術概念

——「自己表現としての芸術」？——

†　芸術と個性

一九一二年十月、夏目漱石は、その唯一の美術評論「文展と芸術」を「芸術は自己の表現に始つて、自己の表現に終るものである」という一文から起草した（夏目、一六巻、五〇七頁）[1]。しかしながら、こうして独創的な個人と結びつけて芸術をイメージする時代は、おそらく疾《と》うに過ぎ去っている。たしかに今なお、芸術作品は作家の固有名をもって名指され、己れの独創性を誇示してはいる。けれどもこの名称の背後に、実際には複数の制作者が居り、作家名が彼ら全体を代表する符牒《ふちょう》にすぎないことに、私たちは既にどこかで気づいている。そのことは、芸術も含めて一切を大量に産出し消費していく現代社会のあり方を考えれば、なんら不思議でもないことで、マンガやアニメのように、たとえ作家名が付されていても、その生産が孤独な個人においてはもはや不可能であることなど、自明な事柄に属している。

もっとも芸術主体の複数化、ひょっとすると匿名化は、なにもテクノロジーの発展がもたらした大量消費社会に初めて起こった出来事ではない。古来一つの作品の制作に、場合によって無数ともいうべき人間が関わってきたことは、長い歳月を経て築き上げられてきたゴシック式教会など、建築の歴史が如実に示しているところである。別ないい方をすれば、一人の芸術家が完成まですべてを仕上げることができる作品は、絵画などごく限られた分野にすぎず、ゴッホですら既成の絵具を弟にたえず無心していたことを思えば、厳密にはそれすら怪しいともいえる。まして版画まで視野を広げるならば、彫師、刷師といった具合に分業が制度化される場合も出てくるし、工芸の分野となると、制作主体の複数性はむしろきわめて自然なこととみなすべきだろう。あるいは一見個人的な心情の吐露のように見える文学の場合も、俳句や短歌などが句会・歌会といった結社を背景として生み出されることを思えば、そう簡単に個人的芸術と規定することはできないだろうし、さらに作家そのものがメディア主催のコンペによって産出されるといった見方も、あながち斜に構えたものとして退けづらいように見える。

こうして考えてみると、優れた俳人であったと同時に、日露戦争とともに市場を拡大した朝日新聞によって「国民作家」に作り上げられた漱石の「自己表現としての芸術」という理解の方が、個人を基軸とした近代社会の成立を背景とする、歴史的に限定された見解だという可能性も出てこよう。

†「表現」「独創性」「完成」の行方

芸術の主体を個人として措定することが、一定の歴史的条件のなかでしか成り立ちえない見解だとしたとき、それとともに生じてくる問いは、少なくない。たとえば芸術という言葉と結びつけられてきた「独創性」という概念など、その結合に関して自明性を失うだろうし、芸術に限らず、人間の制作物に付加されるこの概念の成り立ちは、少なくとも改めて問われねばなるまい。「表現」という概念も、感情や思想など「表現」さるべき内容の座である個的存在が揺らぐならば、従来のような汎通性をもちえないだろう。複数の人間が、長い時間の経過も超えて制作に参加していくとき、そこに「表現」された「精神」なるものを、たとえ想定できたとしても、それが後からの添加物である可能性は低くないからだ。そのことと連動して作品の「完成」という概念も、疑わしくなるにちがいなく、作品はプロセスのなかに留まり続けるなにものかとなり、たとえそのなかで「終わり」をもったとしても、その含意は「完璧」とはおよそ異なったものとなるにちがいない。

芸術を巡る基礎概念の動揺は、そもそも今日の芸術理解そのもの、さらには作り手としての人間の問題化を指し示しているように、私には思われる。もしも芸術の主体としての「自己」の消失が歴史的な事実だとしたならば、今日芸術を創作する者は誰なのか、「コンテンツ」という言葉が普及した状況のなかで「作品」とはなにか、総じて「芸術」とは、いったいなにか。そして作る者としての人間とは、なんなのか。本書が出発点で確認したように歴史に問いかけることは、常に問う者自身の現実への問いかけでなければならない。本章は、今日の「芸術」のありようへの問いを保留したまま、日本近代における芸術と国家及び個人との関係へと向かうことになるが、考察の源は、あくまでこの問いのもとに留まっているのであり、私たちは後に科学技術時代の生き方に関する問題意識とともに、この地点に帰ってくることになる。

二　国家と個人の間

†「淋しい自己」——夏目漱石の場合

一九一二年の夏目漱石の言葉に戻ることにしよう。この言葉は、文字通り芸術における個人主義を主張してはいるのだが、漱石自身この思潮をなんのためらいもなく、肯定していたわけではけっしてなかった。彼は、いうまでもなく日本近代を代表する小説家だが、その志向の底には、個人主義とは別なものが顔を覗かせている。それは、国家もしくはその最小単位である家共同体へのノスタルジアとでもいうべきものであり、そうした過去の生の残響が漱石の精神史的位置を指し示している。すなわち彼の芸術は、日本人の生の基盤が古い国家共同体から個人主義へと移行していく不安定な時期の産物であった。

そうした精神史的状況は、前期三部作といわれる『三四郎』、『それから』、『門』のなかにも反映している。たとえば『三四郎』は、郷里熊本から東京に出てきた青年を主人公に仕立て、大学に代表される知的世界の様子と女性への憧れとが、母親に象徴された郷里の記憶を背景にして語られる物語だが、この枠組みそのものが、上記家共同体の残存とそこからの切断を表わしている。それに続く『それから』は、労働を他者への依存として拒絶し芸術と官能の世界に生きる主人公を「高等遊民」というよく知られた概念のもとに描いて見せたのであり、後に彼が口にする「自己本位」という言葉とともに、個人主義への傾きを示すものではある。この主人公・代助が、自らの享楽的生活を経済的に支える父親と兄の期待を裏切り、友人の妻との不倫関係へと入っていくことは、そのような傾向のもっとも端的な表現ではあるけれども、そうして実現された個人主義が本質的に呪われたものであることを、既にこの作品は、代助が赤色のイメージの渦のなかに巻き込まれていくという、結末において予告している。

忽《たちま》ち赤い郵便筒が眼に付いた。すると其《その》赤い色が忽《たちま》ち代助の頭の中に飛び込んで、くるくると回転し始めた。傘屋の看板に、赤い蝙蝠傘《こうもりがさ》を四つ重ねて高く釣るしてあった。傘の色が、又代助の頭に飛び込んで、くるくると渦を捲《ま》いた。（夏目、六巻、三四三頁）

さらに三部作最後の『門』は、こうして赤色の氾濫のなかに飲み込まれた代助が流れ着いた流刑地の物語にほかならない。というのも、この小説で描かれる宗助・米《よね》の夫婦は、過去の不倫を暗い影のように担い、社会との関係を自ら極度に制限したまま郊外の借家にひっそりと住んでいるからである。

宗助と御米とは仲の好い夫婦に違なかった。一所《いつしよ》になってから今日迄《まで》六年ほどの長い月日を、まだ半日も気不味《きまず》く暮した事はなかった。言逆《いさかい》に顔を赤らめ合った試《ためし》は猶なかった。二人は呉服屋の反物を買って着た。米屋から米を取って食った。けれども其他《その》には一般の社会に待つ所のきわめて少ない人間であった。彼等は、日常の必要品を供給する以上の意味に於て、社会の存在を殆《ほと》んど認めていなかった。彼等に取って絶対に必要なものは御互丈《だけ》で、其御互丈が、彼等にはまた充分であった。（夏目、六巻、五一一－五一二頁）

この流刑地には、徒労に終わる宗助の禅寺行が示しているように、宗教的救済の光も差し込まないし、互いに密着したものとして描かれたこの夫婦自体、米の流産が過去に呪われたものとして意識されていることからわかるように、新たな生の希望を産み出すものではない。そもそも宗助の禅寺行は、米のかつての男の接近の報に動機づけられた逃避でしかなかったし、しかも米になにも告げなかったのは、この逃避が彼女に対する裏切り行為であったことを暗示している。その点に注目するならば、右の引用で一心同体のように描写された二人の間には、実のところ埋めがたい溝が潜んでいるのであり、物語の背景となっている宗助と彼自身の親族との断絶とともに、この小説は、共同体の喪失および再建の困難さに苦しむ個人を描き出しているというべきだろう。「高等遊民」という概念を、進行する資本主義に対して漱石が紡いだ「痛み」を伴う「夢」としたのは高橋和巳だったが（高橋和巳 一九七八、一九一頁以下）、その後の漱石の小説は、たとえ個人主義を掲げようとも、近代化によって共同体から切断され、こうした「夢」のあわいに生きる「淋しい自己」を描き続けるのであり、『彼岸過迄《ひがんすぎまで》』の須永、『行人《こうじん》』の一郎、『こころ』の「先生」、『道草』の健三と続くその系譜は、遺作『明暗』の津田にまで及んでいる。

† 漱石『こころ』と「明治の精神」——底なしの暗がり

漱石の代表作といえば『こころ』を思い浮かべる人も多いだろうが、自己の「淋しさ」は、「先生」という卓越した個人が明治天皇の死とそれに対する乃木希典《のぎまれすけ》の殉死という出来事をきっかけに自殺の道を選ぶという、個人主義的観点からするときわめて不可解なストーリーにも刻印されている。

一九一二年七月三十日の明治天皇の死を受け、九月十三日になされた公的な葬儀の日、日露戦争のヒーローの一人・乃木希典は、夫人とともに自殺した。西南戦争に参加して以来、明治天皇に対する忠実な軍人の典型として理解されてきた乃木のこの殉死は、漱石にとって、また漱石とともに日本近代を代表する小説家である森鷗外にとっても、ショッキングな事件であった。つまり彼らにとって、乃木は明治日本の象徴だったのであり、天皇の死と乃木の殉死は単なる個人の死を超えた出来事だったわけである。この事件を受けるかたちで漱石は「先生」に、「明治の精神は天皇に始まって天皇に終った」（夏目、九巻、二九七頁）と語らせ、自殺の可能性を「明治の精神」への殉死という言葉で暗示させるのだが、「先生」というこの小説の主人公は、継承すべき家の財産を田舎の叔父叔母夫婦に簒奪《さんだつ》された男として、他の漱石作品の主人公と同じく、明治国家の基本単位である家共同体から切断された孤独な知識人にほかならず、そんな彼が自らの死を「明治の精神」と結びつけること自体、違和感を与えるのも無理からぬところと、いえるだろう。

けれども個人主義と国家への自己犠牲との結合の奇妙さに、かえって私たちは漱石の個人主義の精神史的位置を測定することができる。たとえば武者小路実篤《むしゃのこうじさねあつ》や志賀直哉といった、漱石や鷗外より二十歳ほど若い世代の知識人は同じ事件を、きわめて冷ややかに見ていた。乃木が院長を務め、しかも皇室の「御学友」の育成を目的とした学習院に学んだ彼らは、この殉死を馬鹿げた行為とみなしていたが、それは、彼らにとってこの死が、ゴッホの自殺と異なり、自己存在の苦悩の意識の希薄さの表現にほかならなかったからである。この二人を含む『白樺』派は、「自己を活かす」を理念として掲げる文学・美術サークルであり、そのリーダー的存在であった武者小路は、漱石『それから』の代助に旧世代の家共同体に対抗する個的存在の悲劇を見ることによって、この存在の価値の称揚を漱石の内に読みこんだが（武者小路 一九七八、三三〇頁）、それは個人主義の主張として見れば、漱石自身よりもはるかにストレートなものだったといえる。裏を返せばそのことは、漱石がもち続けた「自己の淋しさ」を消し去ってしまうことでもあり、本多秋五のいい方を借りれば、「漱石を神経衰弱にまで圧迫したあの重荷を、すっぽりと脱ぎ棄て」（本多 一九六五、五七頁）ることだったのである。『白樺』派から見るならば、この「淋しさ」は、せいぜい旧世代の遺響でしかなく、「芸術は自己の表現に始って、自己の表現に終る」とした漱石は、彼らの先達ではあっても、同世代ではなく、いってみれば中間的世代に留まった。

しかしながらこの「淋しさ」は、ただの精神史的な一つのエポックの表われには終わらない。この感情の根は、測りえないほど深く伸びており、そこには、尺度そのもの、測るという行為そのものを拒絶する、底なしの深淵が開かれている。しかもこの暗い空間は、なるほど病的でもあった漱石個人のものに留まらず、今現在の私たちの生の足下にも潜んでいる。本書は、そうした深淵の上に浮かぶ生き方への問いとともに、最後にこの場所へと戻って来るはずである。

† 二葉亭四迷『浮雲』——自己存在の源流

だがここでは、漱石の「淋しい自己」が表わしているものを、国家に帰属していた生の根本的スタイルが崩壊していく感覚と、とりあえず精神史的に規定しておくことにする。むろんこの「明治の精神」の崩壊は、明治天皇が死んだ一九一二年の七月に突然起こったのではなく、既に一定の期間にわたって準備されてきたことである。その期間を歴史学的に特定するのは、容易ではないが、私としては、一八九〇年前後からの明治後半を、この崩壊が進行した期間としてイメージしている。それは、近代国家としての日本が、大日本帝国憲法の発布施行、日清戦争、日露戦争といった歴史的事件を経て完成していく過程と重なる。家共同体をベースとしたものとして明治日本を考えると、その完成が国家帰属というライフスタイルの崩壊を導くというのは、奇妙でもあり皮肉でもあるが、その完成への努力の目標が国家の保持・独立、すなわち西洋列強による植民地化の回避にあり、またこの回避が、西洋の科学技術化の導入なしにはありえなかったとすると、目的が一定程度果たされた暁《あかつき》には、達成のために使用された西洋化近代化という「手段」が、そこに含まれた個人主義的傾向によって、保持すべき国家の内実を蝕むということは、十分あり得たことと考えられるのである。

漱石の「淋しい自己」の源流は、たとえば一八八七年から一八八九年にかけて書かれた二葉《ふたば》亭四迷《ていしめい》『浮雲』の主人公・内海文三に辿ることができる（二葉亭四迷 一九八一、三－一五五頁）。郷里の家共同体の期待を担い学問を修めることによって国家の具体的現象としての官僚組織のなかで自らの位置を得ていた文三は、同僚・本田登とちがいこの組織から失格者として排除され、しかも許嫁《いいなづけ》と自らも考えていた女性・お勢までライバル本田によって奪われていく。文三は、国家へと帰属しようとしながら裏切られる存在なのである。小説自身が未完に終わったこともあるが、この敗北者は、国家帰属のこの道を自ら再度切り開こうとするでもなく、また自分を排除した組織に対して反撃のアクションを企てるでもない。自分から離れていこうとしているお勢についても文三は、彼女の内にエゴイスティックな欲望を見ているにもかかわらず、自分のところに戻ってくるのではないかという淡い期待を抱いたままだ。本田の保身と出世とを、組織の上位者への阿《おもね》りによるものとみなすしかない文三に官僚組織の論理は見えないが、同時に彼は女の心からも切断された場所で、ただ鬱屈した感情を持て余すだけの根なし草の若者である。富者に身を売った恋人お宮を自ら捨て高利貸となって金権社会に復讐する尾崎紅葉『金色夜叉』の間寛一と比較すると、文三は、これより十年も前に書かれているにもかかわらず、その優柔不断さのゆえに、むしろモダンにさえ見える。

お勢もお勢でモダンだ。女性は、森鷗外『渋江抽斎《しぶえちゅうさい》』に描き出された過去の生のかたちの記憶が正しいとすれば、かつて妻もしくは母として家共同体の一つの中心をなしていた。その点を鑑みると、英語の学習に好奇心を抱き、本田の秋波に関心を示すお勢は、その存在自体、家との関係から自由な新しいタイプの女性の具象化として、いわば鷗外が描いた渋江抽斎の妻・五百《いお》の対極に位置している。

この小説の世界をこんな具合にイメージするならば、文三とお勢の間に生ずる溝は、互いの心を掴みかねている『行人』の一郎と直《なお》との間にはもちろん、『門』の宗助・米という、親密さにおいてはまったく異なって見える男女の関係の底の方にまで、続いていると考えられる。すなわち言文一致体の実現という意味で日本近代文学の誕生を告げた『浮雲』には、その建設が進行している近代国家・明治日本から切り離され、さらにそれぞれもまた相互につながりをもちえない人間の姿が浮かび上がっているのである。

† 高橋由一と岸田劉生

こうして一八九〇年から一九一〇年頃に移行期を設定してみたとき、この期間を挟んでその前後に位置する芸術のあり方には、とくに国家と個人の両極を巡る、根本的な差異の存在が予想されよう。ここでは、今まで手掛かりとしてきた文学から造形芸術、とくに絵画、なかでも油彩画に目を向けて、そこに生じたいくつかの出来事を取り上げることによって、日本の近代化過程における芸術と国家および個人との関係の変化を追ってみようと思う。幕末に日本に導入された油彩画は、西洋化・近代化そのものだったからでもある。

上記移行期の前と後ということで、ここで取り上げてみたいのは、日本油彩画のパイオニアである高橋由一《ゆいち》と、日本近代のなかでおそらくもっとも人気の高い画家の一人・岸田劉生《りゅうせい》である。一八二八年に生まれ一八九四年に世を去った由一に対して、劉生の生涯は一八九一年から一九二九年とほとんど重なっていない。それだからこそ、かの移行期の前後を代表させることができるのだが、比較を念頭に置いて回顧する以上、二人の間のなんらかの共通性が手掛かりとして必要になろう。ここで私は、そうした共通性を指すキーワードとして「写実」という言葉を選ぼうと思う(2)。由一はその生涯にわたって油彩画のもつ写実の可能性を強く意識した画家であった。他方劉生は、出発点を後期印象派への傾倒にとりながらも、まもなく彼独自のリアリズムへと突き進んでいった。二人の写実主義の背後に、私たちはそれぞれ国家の神話、個人の神話、そしてその変質の兆しを見ることになる。

三　高橋由一
――油絵による国家への寄与――

† 油彩との出会い

明治維新直前に描かれた《丁髷《ちょんまげ》姿の自画像》（一八六六／六七年）［図1］からイメージされるように、武士階級の出身であった高橋由一は、江戸幕府が設立した蕃書調《ばんしょしらべ》所《どころ》の役人を務めていた。この組織は、幕府が遅きに失したとはいえ、蘭学に限定されていた西洋文化の受容を拡大しようとして創立された洋学所に由来するもので、後に啓蒙的思想家と規定される西周《にしあまね》(3)もここに属していた。ここには近代化すなわち西洋文化受容の一つの出発点があったのであり、この組織が洋書調所、開成所と名称を替えた後、東京帝国大学につながっていくのは、そのことを示唆している。由一が属していたのは、その画学局であり、したがって彼の志向は、当初から西洋絵画の受容に向けられていた。弓術剣術の達人だった祖父の業を継ぐには体が弱かったとはいえ、武士の子が絵描きを目指すこと自体、尋常でなかった時代のことである(4)。由一がのちに患った大病の折、生涯を振り返って息子源吉に筆記させた記録『高橋由一履歴』（以下『履歴』）には、彼が油彩技術習得に賭けた情熱が滲み出ている。

『履歴』によれば由一は、「嘉永年間」というから一八五〇年前後、友人から借りて初めて見た西洋石版画によって「習学の念」を起こした。当初この技術の獲得の糸口も見出せず「日夜苦心焦慮」していた彼は、既に創立されていた蕃書調所に、ひょっとすると「洋画法を見聞する一端」を得ることができるかもしれぬという見込みを抱き、甲州生まれの道具屋利兵衛という人物から画学局の教育の存在を知るに到り、ただちに入学を申し込む。このときの教官は由一もその肖像を描いている川上冬崖である。もっとも由一が画学局に入った頃、西洋画の代表である油彩画は日本にほとんど存在していなかった。例外的に由一が見たのは、西洋の石版画を日本人が模写して油画化したもので、曲淵《まがりぶち》敬太郎という名の作者に彼は、画法や絵具の調整法を直接尋ね、それを教授してもらったことを率直に喜び、パレットやヘラも自分で工夫するなど努力を重ねている。

図1　高橋由一《丁髷姿の自画像》(1866/67年, 笠間日動美術館蔵)

† 油彩との出会い

けれども画学局での教授法を不十分なものと感じた由一は、「何卒《なにとぞ》横浜の居留地に至り海外人の画家に伝習を受けんものと希望」し、英語もろくにしゃべれなかったにもかかわらず自ら描いた作品を携えて、伝手《つて》を辿ってこの地の画家を訪ね歩く。ちなみにこの探索を助けたのが、彼の親友・岸田銀次、またの名を吟香《ぎんこう》、すなわち劉生の父親である。由一に「同伴して片端より外人の居所を尋ね」ようとする吟香は、高橋由一と岸田劉生を人物的につなぐ存在であった。(5)

結局銀次のこのときの努力は徒労に終わるが、由一はその直後たまたま出会った「同癖」の男にチャールズ・ワーグマンというイギリス人を紹介され、油絵についての教えを乞うことになる。ワーグマンは、職業的な画家ではなく、イラストレイティッド・ロンドン・ニューズの記者だったが、彼から絵画の技法を学んだなかには、ほかにも五姓田《ごせだ》義松などが挙げられる。残っているワーグマンの作品を、由一を含め「弟子」のものとともに並べてみるならば［図2、3］、画風としての共通性の不在は明らかであり、そこ

図2　チャールズ・ワーグマン《百合図》(1878年, 笠間日動美術館蔵)

図3　五姓田義松《清水の富士》(1881年, 東京都現代美術館蔵)

からも私たちは、由一が「贄《にえ》を納めて業を受け始めて」彼から得たとされる「油画ノ秘訣」が、油彩の基本的な技術に限られていたと推測することができよう。にもかかわらず由一は、「馬車汽船なき」この時代、「奇談少なからざる」道を、油彩技術習得の念に燃えて徒歩で往復したのである。

† 戊辰戦争と薩摩コネクション

長い鎖国の末に幕末打ち開かれた横浜という窓から西洋文化へと幕府系佐野藩藩士・高橋由一が向けた眼差しは、維新を巡る戊辰戦争における敗北にもかかわらず、その熱を冷ますことはなかった。

天下形勢一変し国家事故多し加うるに東台の兵官軍と格闘するを以て府下洶々《きょうきょう》米価騰貴し由一家族累々朝夕を支えず衣服を典《てん》し什器《じゅうき》を鬻《ひさ》き僅かに以て飢渇を免る而して日夜淬礪《さいれい》少しも屈せず。(高橋由一　一九七五、二五五頁)

すなわち由一は、上野彰義隊の戦いに代表される維新混乱が残した窮乏に対し衣服を質に入れ身の回りの品を売ってしのぎ、日夜精進を重ね、ついに一八七三年自ら美術スクール天絵学舎《てんかいがくしゃ》を創立するが、それは日本最初の公的美術学校である工部美術学校が建てられる三年も前のことである。

彼の強い情熱は、瀬戸内海海運を背景に当時きわめて豊かな財力を誇っていた四国香川県の金刀比羅宮《ことひらぐう》とのコネクションの獲得にも現われている。一八七九年彼は三十五枚の自作をここに奉納し、それによって金二百円を得て天絵学舎経営を続けた。当時金刀比羅宮の宮司は薩摩出身であったゆえ、この関係を取

図4　高橋由一《山形市街図》(1881－82年, 山形県蔵)

図5　高橋由一《栗子山隧道図》(1881年, 三の丸尚蔵館蔵)

りもったのは、おそらく大久保利通だっただろう。この明治新政府のリーダーは、一八七七年十一月というから、盟友西郷隆盛を屠りさった西南戦争の直後にして、彼自身暗殺される半年前、内国勧業博覧会で見た由一の作品を顕彰した。このきっかけは、同じく薩摩藩出身の地方政治家・三島通庸《みちつね》との関係にも由一を導いた。三島は、福島、宮城、山形など、旧幕府系の勢力が強かった地方の行政を任され、福島事件などで反政府勢力を鎮圧するとともに、土木事業にその手腕を発揮した人物だった。由一の《山形市街図》［図4］や《栗子《くりこ》山隧道《やまずいどう》図》［図5］は、こうした三島の政治的業績を記録したものである。大久保、三島といった薩摩系列は、幕府系の武士・高橋由一からすると仇敵に当たる。そのような関係にまで資金援助を求めたところに、由一が油彩の技術獲得と普及とに賭けた情熱の強さが推し量られるのである。

† 再現性と国家経世への寄与

こうした情熱の源はどこにあったのだろうか。彼は、初めて西洋の画像に触れ「習学の念」を起こした理由を、「悉皆《しつかい》真に逼《せま》りたる」ことに認めている。たしかに由一は、再現の巧みさに加えて、「一つの趣味あること」を理由として付け加えているし、ワーグマンの紹介で横浜のアメリカ人婦人の油絵を見せてもらったときもその作品に「妙趣」を認めたと述べているが、そうした美的価値に関しては、その内容が不明であるだけでなく、彼の絵画志向において「真に逼りたる」ことを超えるものだったとは思いがたい。少なくとも彼が画学局の発展を期して壁に張り出したという檄文は、「泰西諸州の画法は元来写真を貴べり」から始まることからわかるように、西洋絵画の本質を「写真」、といってもこの場合フォトグラフィーではなく、文字通りリアリズムに見出していたからである。

だがリアリズムが驚くべきものだったからといって、人生の事柄として彼を動機づけるには、それが特別な意味をもつものとみなされる必要があろう。彼はその意味を、リアリスティックな絵画がもつ国家経世への寄与の可能性に見出していた。いわく、写実的な図画は「国家日用人事ニ関係スルコト軽キニ非ラス」（高橋由一 一九七五、二五一頁）。それは、日常的な生活の様子も、戦争の状況も、あるいは行くことができない遠い場所の景色もそこで起こる出来事も、正確に伝えることができる。のみならず聖者、賢人、英雄などの肖像によって、人々に彼らの徳や威光を伝えることもできる。福島事件では苛烈な自由民権運動弾圧を行ない、トンネル建築では地元の人々に過酷な労働を強いて「鬼県令」の異名もとった三島だったが、土木事業という三島の「偉業」を録した上述の油彩画は、単に資金獲得のためだけではなく、その

「功徳《くどく》を伝える」という機能を果たすべく描かれたものであり、由一自身の油彩画観の具体化でもあった。むろん「功徳」の中身はここでは問わない。後に写真にとって替わられるモニュメンタルな記録の作業を、由一の油彩は担っていたわけである。当時写真技術は既に日本に入ってきており、実際《山形市街図》の場合、由一はやぐらを組ませその上から地元の写真師に対象となる市街風景を撮影させ、それを下図にして油絵に仕上げたといわれている。油彩は、なお未熟な写真技術をいわば助手として使い、「立派」な記念図を完成させる主役を演じていたのである。

† 国家変質の予兆

けれども彼のリアリスティクな絵画がそのためにあるところの国家は、先にも述べたように、それがその存亡を賭けて遂行していった近代化によって、いわば内側から変質していく。由一の場合でいえば、舶来の迫真の再現画法への傾倒それ自体が伝来のものを崩していく可能性を孕んでいた。そのような目で見たとき、幕末に書かれたかの檄文のなかにすら、私たちはそうした変質の予兆を感じ取ることができる(高橋由一 一九七五、二五一頁)。

彼は、そこで、同様に情報伝達のツールである文章との対比のもとで、迫真的絵画の価値を主張している——

夫《それ》図画は文字と用を同じふすと雖も文字は只事を誌すのみ其形状の細微に至っては画に非ざれば之を弁じ難し。

ここでいう「図画」と「文字」とは、単に手段にとどまらず、東西の文化的差異であることを由一は意識している。「和漢の風習は文字より画図を生み西国諸藩に於ては画図より文字を生む」。さらに彼は「和漢の画法は筆意に起こりて物意に終り西洋画法は物意に起りて筆意に終る」といった上で、「筆意は物を害し物意は筆意を扶《たす》く」といい加える。いわく、そもそも物体は濃淡陰影があるのだから、その点を考慮すれば「画に三面の法あり又之を望観するに大図小図に依て遠近距離の別」あることは、当然のことだ。西洋絵画は、そうした物体の三次元的性格、したがって遠近法的側面も考慮したものとなっておればこそ、きわめて優れた写実に達しうる。

東西を文字と図とで切り分ける文化観の当否は措くが、少なくとも従来の東洋的もしくは日本的世界観において、自然を見る眼差しが文学的蓄積のなかで規定されてきたこと、そしてまたその背景となる漢詩文に通ずる教養が、絵画の巧みさとは比較にならないほどの価値を有してきたことはまちがいない。もしも、そのような教養を身体化した士大夫としての武士階級によって作り上げられてきた家共同体こそ、由一が「国家ノ器用タル」(高橋由一 一九七五、二五七頁)べきものと絵画を規定するときの「国家」だとしたならば、「物意」に沿った西洋絵画技術の獲得・普及を志向する彼は、それと知らないうちに、自ら寄与しようと意図したものを蝕む異物の種を胚胎してしまったと、いえるのではなかろうか。

† 一八九〇年――「日本」イメージの噴出

先に国家主義から個人主義への移行期の始まりとして指定した時期は、一八九四年に没した高橋由一にとって最晩年に当たる。この頃生じた油彩のジャンルにおける顕著な出来事の一つとして、ちょうど一八九〇年に開催された第三回内国勧業博覧会における「日本」的イメージの噴出を挙げることができる。この展覧会に出品された佐久間文吾《和気清麻呂《わけのきよまろ》奏神教図》［図6］、本多錦吉郎《きんきちろう》《羽衣天女》、原田直次郎《騎龍観音》［図7］などは、日本的なもの、もしくは東洋的なものを強く意識した作品として、目を惹く。のちに東京美術学校西洋画科初代教授となる黒田清輝をパリで絵画の道へとシフトさせた人物の一人・山本芳翠《ほうすい》が、自身の《西洋婦人像》［図8］とはまったく趣を異にする《浦島図》［図9］を描くのは一八九三年、そして由一もまたこの頃日本神話に画題を求めて《日本武尊命》（一八九一年）［図10］を描いている。[6]

　日本的イメージの噴出は、この時期を特色づける歴史的現象である。絵画で描くべき「日本」の姿を示そうとした帝国大学文科大学長・外山正一《とやままさかず》の講演「日本絵画ノ未来」が、由一の弟子でもあった原田の上

図6　佐久間文吾《和気清麻呂奏神教図》（1890年，三の丸尚蔵館蔵）

図7　原田直次郎《騎龍観音》（1890年，護国寺蔵）

図10　高橋由一《日本武尊命》(1891年，東京芸術大学大学美術館蔵)

図8　山本芳翠《西洋婦人像》(1882年，東京芸術大学大学美術館蔵)

図9　山本芳翠《浦島図》(1893－95年，岐阜県美術館蔵)

記作品を「チャリネの女」と揶揄《やゆ》し、原田の友人・森鷗外の批判を誘発したことは、まさに同時に起こった日本近代美術史上有名な事件だ。「チャリネ」とは、当時日本に来日し人気を博したイタリアのキアリーニ（Chiarini）大サーカス団の名前に由来するもので、サーカス一般を指す名称として通用した。第二章で述べるように、前年創立された東京美術学校が岡倉天心の指導下、西洋画を排してスタートしたことに具体化された復古主義的な運動も、同じ歴史の流れに掉さしている。大日本帝国憲法発布施行に象徴されるように、一八九〇年前後のこの時期は維新以来の国家建設が一つの明瞭なかたちを結んだ時代であり、これら諸事象に見られるナショナリズムは、なるほどそうした時代の表現だといえるのである。

†　貧しくも健気な日本——ナショナリズムの内実

けれどもこのナショナリズムとはいったいなんだったのだろうか。外山が先の講演のなかで、同時代に欠けている「思想画」を描くという課題のために挙げた「日本的画題」は、具体的には六つあるが（外山二〇一三、一六〇－一六三頁）、それらを

①鎌倉にある源頼朝の墓
②病床で後のことを徳川家康に託す豊臣秀吉
③悪路で痩馬に無理やり荷車を引かせる馬方
④大森駅で外人客を乗せてきた人力車夫が自身の老父の前で絶命するシーン
⑤両国橋の上で乳呑児《ちのみご》を投げ込もうとする父親と争う兄

⑥妻に過酷な労働を強いていた男が夕方に子供ともども荷車に彼女を載せて帰宅していく姿と、並べてみたとき、そこから統一的な「日本」イメージを引き出すことは、きわめて難しいといわざるをえまい。①と②が歴史物語のシーンであるのに対して、③以降は、当時の日本の現状の描写というべきだろう。④の「人力車」などは坪内逍遥《しょうよう》が『当世書生気質』で書生とともに世の中に溢れているものと規定したように（坪内 二〇〇六、一〇頁）、同時代を特徴づける、いわば新奇な風俗であり、少なくとも「固有」な日本のかたちではあるまい。それでもこれら情景に「日本的なもの」を読もうとするならば、それは貧困と戦う健気《けなげ》な日本人の姿というほかないだろう。それはまた④での外国人に割り振られた役回り、すなわち車代を放り投げ瀕死《ひんし》の若者を見捨てて立ち去るという、日本人を人間と思わないような態度が示しているように、「豊かだが冷酷な西洋」との対比のなかにある。⑥に関して外山は、女性にも肉体労働をさせる日本を「野蛮」と外国人は思うかもしれないが、これこそが「日本帝国ノ宇内《うだい》ニ存在スル所以」（外山 二〇一三、一六三頁）を示すと、コメントしているが、なるほど「貧しくも健気な日本」というこのイメージは、存外当時のナショナリズムの内実をそのまま表現していたといえるかもしれない。要するに西洋列強による植民地化に対して、貧困に耐えつつ近代化を推し進めることこそが、「宇内ニ存在スル」こと、すなわち「一国の独立」を可能にする――、そうした志向以外に日本というネーションを統一しているものはないのであって、油彩における日本イメージの噴出も含め、ことさら際立たされた日本的なイメージは、ナショナリズムの実質的な空疎さを補塡《ほてん》する役割を演じているように見えてくる。事実この後日本人は、巨額の借金を重ねて世界有数の軍備を進め、日清・日露戦争へと向かっていったのである。

† 森鷗外の立ち位置

ちょうど一八九〇年、森鷗外の初期の代表的小説『舞姫』が発表される。鷗外の分身といってよい主人公・太田豊太郎は明治国家の官僚としてベルリンに派遣されるが、そこで貧しい女優と恋仲になることによって、官僚としての栄達の道から外れてしまう。それでも友人のとりなしによって、再び国家とのつながりを回復する可能性がえられるが、そのことは身ごもった恋人エリスを狂わせる結果となる。豊太郎は、のちに『白樺』派が描く男たちのように、社会との関係に抵抗して個人としての恋愛感情を貫くことができないのだが、さりとて、エリスに対する背信が国家への強い忠誠心に基づく決断でもないことは、日本からやってきて復権の可能性を提供した天方大臣への己れの承諾を悔み、雪のベルリンをさまよった挙句、病床に伏すところに著わされている――

嗚呼、何等の特操なき心ぞ、「承わり侍る」と応えたるは。(森、一巻、四四四頁)(7)

豊太郎のこの惑いは、国家と個人に挟まれた分身・鷗外の立ち位置を示している。

豊太郎を造形した鷗外は、先に触れたように外山の講演を詳細に批判した人物である。かの画題群についても鷗外は、それらが言語的説明なくしては図像としての普遍的な明快さに達することが困難なものであること、すなわち外山のいう「思想画」が不可避的にもってしまうテクスト依存性のゆえに純粋な美術になりえないことも批判的に指摘している(森、二二巻、二〇六頁以下)。それは、上述のようにかつて高橋由一が文字から区別された図に西洋リアリズムの優位を見ていたこと、また第二章でも触れるように岡倉天心の盟友・フェノロサが文人画の純粋性を疑ったことを、理論的に先鋭化したともいえるのであり、技術（「外術品」Äußeres Werk）から区別された表現対象として内面（「空想界裡」）を指す「内術品」（Inneres Werk）（森、二二巻、一七七頁）の概念、あるいは外山批判の根底にあって、ラファエロの如き時代を超えていく個性の在り方を指す「小天地主義」（森、二二巻、一九〇頁）などとともに、国家による拘束から解き放たれていく鷗外の志向の表われである。漱石同様乃木の殉死にショックを受け、こちらは即座に小説『興津弥五右衛門の遺書』を書いた鷗外自身は、先述の『渋江抽斎』に代表される、失われた家共同体の記録・物語へとシフトしていった。そういう意味で彼は、大きなコスモスに呼応する小宇宙としての普遍的個人に向かう、少なくとも一八九〇年当時には抱いていた志向を徹底できなかった可能性は高いが、それでもあきらかに明治国家が個人主義へと向けて変質していく敷居に立ってはいたのである。

四　普遍的個性のリアリズム
——岸田劉生——

† 明治末期のグローバリゼーション

変質の時期の後に現われるもう一つのリアリズム、すなわち岸田劉生のリアリズムに目を移したいと思う。高橋由一の親友・岸田吟香の息子・劉生は、文字通り世代を異にする存在であり、彼が驚いたのは、油彩のもつ再現性ではなく、むしろそれを意図的に破壊する同時代の絵画傾向、具体的には後期印象派の画家たちであった。二十世紀に入る頃から、ヨーロッパの美術をはじめとする文化思潮は、ほぼ同時代的に日本に入ってきたのであり、その点それ以前の世代が歴史的な流れとは無縁に西洋の文化を、いわば手当たり次第に取り込んだのとは、大きくちがっていたといわねばならない。高橋由一と天絵学舎の最盛期というべき一八七〇年代に登場した印象派は、彼らにとってほとんど無縁な存在だったたし、一八八〇年代には名のある作家となっていた浅井忠などが模範としていたヨーロッパ絵画は、せいぜい十九世紀半ばごろのバルビゾン派のものに留まった。浅井の場合、世紀転換期に直接ヨーロッパでアール・ヌーヴォーに触れ、現地では印象派的な作品も残すのだが、帰国した後のものとなると、かつての画風に戻ってしまった印象は拭いえない。第三章で詳しく述べるように、そのことはそれなりに興味深い精神史的現象であるが、浅井よりおよそ四十年後、つまり一八九〇年頃生まれた劉生の世代は、ヨーロッパで動いている文化をわがものとしても感ずることができる、いわばグローバリゼーションの時代に青年期を迎えたのである。

そのような時代の精神を代表したのが、先にも挙げた『白樺』派であり、雑誌『白樺』はヨーロッパ同時代芸術に向かって開かれた「窓」であった。多くの若く多感な青年たちが、この雑誌を通して、ゴッホ、ゴーギャン、マチス、セザンヌ、ロダンなどと出会ったし、この雑誌の同人が催した展覧会によって、こうした「天才」たちの作品に触れたのであった。展覧会自体は、輸入された雑誌から切り抜いた複製を張り付けたもので、今日の目からすると、「展覧会」の名前に値しないものではあったが、若者たちは、まちがいなくそうした粗悪な複製によって得た芸術的体験を自らの糧としたのである。

たとえば夏目漱石のもとに集った一人であり、戦後は幣原《しではら》内閣で文部大臣を務めることになる安倍能成《よししげ》は、一九一二年十二月八日の読売新聞において、次のように心情を吐露している——「雑誌白樺の西洋近代の画家の写真版は、いつも新しい興味を以て幾度も幾度も繰り返して見て居る」。「自分はM君の所で、ゴーホの絵の大きな複写を見せてもらった」ともあるが、「M君」とは、武者小路実篤のことだ。西洋美術紹介雑誌『白樺』の中心としては、武者小路もさることながら、柳宗悦《やなぎむねよし》の名前は欠かせない。一九一二年一月に出た彼の評論「革命の画家」は、まさにゴッホ、ゴーギャン、マチス、セザンヌを「天才」として賛美したものだが、「人格の表現」ということで、すべてを取りまとめた感のあるものとはいえ、その言説の影響力は強く、安倍の文章のうちにも、おそらくその痕跡と思われるものを認めることができる――

ゴーホの如きは尊敬すべき天才であると同時に、実に親しみの多い懐しいヒユメーンな人間である。自分はこんな人が一番好きである。

なんとも手放しの称讃と明け透けで恥じらいのない内面吐露には、『白樺』の精神的空気が感染している。

†『白樺』と岸田劉生

岸田劉生は、この空気をいわば直接呼吸していた。劉生は一九一九年に書かれた回顧談において、『白樺』との出会いを振り返り、一九一二年の春の「白樺にルノアールの事とその作品が載っていたので興奮して買ったのを覚えている」（岸田、二巻、二三四頁）[8]といっているが、「ルノアールの事」とは、柳の評論「ルノアーと其の一派」（柳、一巻、四九二―五〇〇頁）[9]を指す。さらに友人の画家・清宮彬《せいみやひとし》に誘われ、その年の秋に「赤坂の三海堂」で開かれていた『白樺』派の展覧会に行き「はじめて見る版のいゝ西洋の新らし

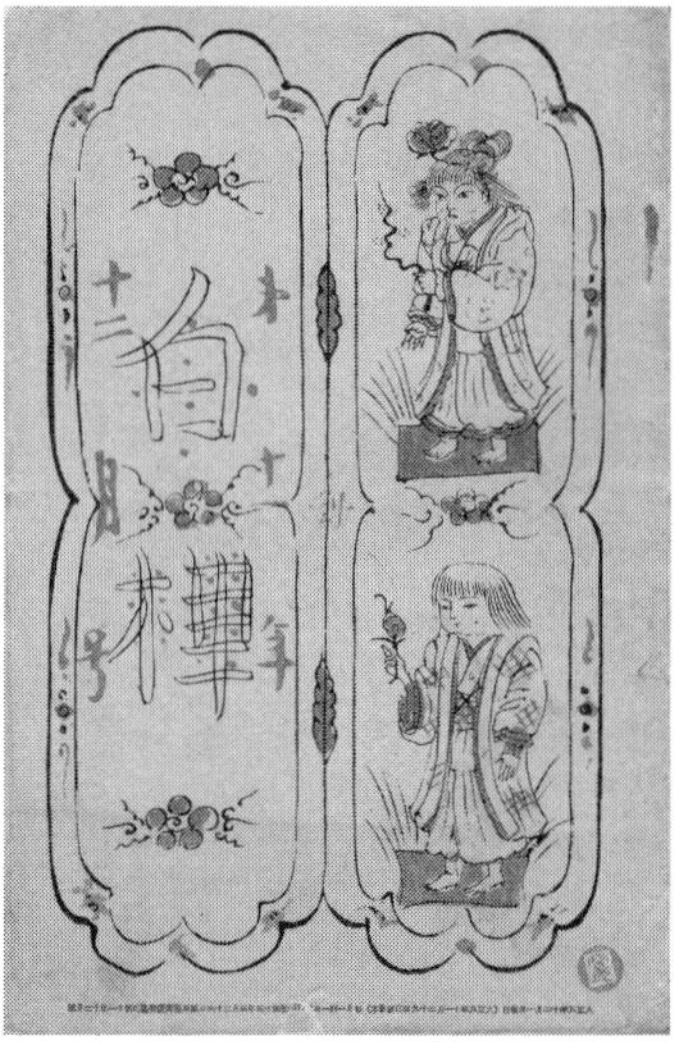

図11 『白樺』第11年12月号 表紙（1920年12月）

い美術の複製に肝をうばわれた」と述べるとともに、同じく「清宮の紹介で柳の家へはじめて行き、又此処で沢山のゴオホやセザンヌや、ゴーガン、マチス等に驚いた」（岸田、二巻、一三五頁）と告白している。

柳を通しての後期印象派との出会いは、劉生にとってかなり強烈なもので、一九一二年八月に書かれた評論「歩み」を読むと、自然描写を人格表現と直結させる柳の美術評論のリフレインを聞き取る思いがする——

> 絵画は終には自然そのものの再現であらねばならないのである。真に自然を再現し得る時吾等は真に生き得らるゝのである。久遠《くおん》に触るゝ事を得るのである。一切の不安と苦痛より解脱して其処に芸術的に自己を救い得るのである。（岸田、一巻、一一二頁）

自然を再現する芸術は自己の問題と一枚であり、そのような域に達した人々として、劉生もまたゴッホ、セザンヌ、ゴーギャン、マチス、ロダンを挙げる。モネやピサロを「小主観に捕われたる在来の画界の伝習」を打ち破った存在として一定評価しながらも、ゴッホら「大主観」に到りつくための途中的な存在と位置づけるあたりなど、まさに柳の「革命の画家」が語っていたことと同じである（柳、一巻、五四九－五五〇頁参照）。

劉生は、その後も投稿などを通して『白樺』派との関係を保ち続けた。一九一九年には『白樺』同人によって雑誌十周年の記念も兼ねて個展を開いてもらったが、最初の大きな芸術論および画集である『劉生画集及芸術観』もそうした関係の一つの結果である。劉生自身も装丁したことのある『白樺』［図11］は一九二三年九月の関東大震災によって廃刊に追い込まれるが、劉生は幻の九月号のためにエッセイ「東西の美術を論じて宗元の写生画に及ぶ」を書いてもいる(10)。

†　自己の為＝人類の為

『白樺』圏内の劉生は、当然のことながら武者小路と同じく、冒頭の漱石の個人主義的芸術観を、漱石以上にラディカルに抱いていた。漱石の「自己本位」は、必ずしも国家と対立するものではないが、劉生はこの対立をも辞さない形で、自己の個性を尊重するからである。明治の最後の年にして大正の最初の年という意味だけでなく、国家に抗して自己存在の価値をあからさまに主張するという意味で、日本近代精神史にとって節目となる一九一二年、劉生は未来派に対する批判というかたちで時代の移り目を次のように刻む――未来派は、「自働車、騒乱、戦闘、汽鑵車」（岸田、一巻、二二頁、引用ママ）などを題材とするが、そのような制作は「彼等が根本の目的たる、将来の国家、社会の為めに尽そうとする運動の手段」（岸田、一巻、一七頁）にすぎない。彼ら未来派の目的は国家であり、「人類」ではない。人類の為に生きることは、「自我の為めに生き」ることのはずだが、彼らのように国家を目的としたならば、「自我」はゼロになってしまう。

国家、社会の為めにつくすてう事は自己の為めにつくすてう事とは全く反対の事である。只ひとり人類の為めにつくすてう事のみ、自己の為めに尽すてう事と矛盾しないのである。（岸田、一巻、一八頁）

まだほとんど知られていなかったはずの未来派についての批判の当否は措くとして、「自己を活かすこと」、そしてその活かすべき自己が人類と直結しているところは、そのまま『白樺』派の思想だ。

この批判が公にされた一九一二年十月といえば、乃木の殉死の一月後である。同じ月、官展である文展の向こうを張って私的展覧会ヒュウザン会が読売新聞社で開かれ、劉生もこれに参加するが、同時に読売新聞に発表されたエッセイ「自己の芸術」でも、当然のこととはいえ、同じ思想が繰り返される。

今度、自分等がやる展覧会も、自分等が、生長しようための一つの仕事に過ぎない。根本の目的はそれである。それ以外に何もない。（岸田、一巻、三九頁）

もっとも自己の成長は、同時に「他に働きかける」ことであり、「自分が自分を見つめた結果必然的に」「人類として存在するこの他に働きかけようとする欲求」が起こってくる。キリスト教への傾倒から始まった劉生は、こうした関係を次のようにも表現する――

人類が真に成長し、真に自己を救い得た時、同時に一切の人類に大きな福音を伝える事になる。（岸田、一巻、四〇頁）

本章冒頭で引いた「芸術は自己の表現に始つて、自己の表現に終る」から起草された夏目漱石の評論「文展と美術」は、このヒュウザン会の試みを「健気な会」（夏目、一六巻、五一九頁）という言葉で好意的に評している。

†「実現せらる可き自己ありや」

しかしながらこうして国家や社会を一気に飛び越えて人類と直結する自己は、理念として抱かれたとしても、絶えず問いと化す可能性をもっていた。たとえば当のヒュウザン会展に関わって、その可能性は評論家・内田魯庵《ろあん》の口を通して現実化した――この展覧会は「オリジナリチーに頗《すこぶ》る欠けて」いて「諸君ら自らは自己の叫びと称して居るが、フューザン会展列画の大部分はゴーギャンやマチスやセザンヌの模倣ならざるは無い。諸君が真実に自己を発見したと思われるものは殆んど無い」（讀賣新聞、一九一二年十月二十五日朝刊）。

内田はさらにいう――そのような模倣は、ゴーギャンらの「煩悶や苦吟」も、それを生み出した歴史や伝統も「一足飛びに」飛び越えて、結果としての「輪郭」のみを真似した「成金的ポスト、アンプレッショニスト」のふるまいとして「力ない」ものだ（讀賣新聞、一九一二年十月二十六日朝刊）。

劉生は、魯庵の皮肉に満ちた批評にかなり腹を立てた様子で、「岸田劉生君の作は勝れて目に立った。

「樹木と道」と云ふ如きセザンヌの真似であるが如何にも巧者であった」という魯庵の言葉に対して、これを「無謀な断定」と難じ、「自己の向上」に対する悶えと「自然」への真摯《しんし》な眼差しをもたない魯庵などに自分の絵を批評する「資格」はないと（岸田、一巻、五二頁）、かなり感情的に反応している。

「資格」云々は、そもそも魯庵の評論冒頭の一文、「アンデパンダンやザロンドゥトンヌ」についての知識に乏しい自分には批評の「資格」はないかもしれないが、というくだりに呼応しているわけだが、少なくとも魯庵が発した独創性とその力への嫌疑は、「芸術において表現さるべき自己とはなにか、果たして独創的な個性は存在しているのか」という問いかけとして、どうでもよい事柄でなかったことはまちがいない。その証拠にゴッホへの敬意という点ではかなり近い位置に立っていたはずの安倍能成が発した「自己を実現せんとするに当って、先ず問う可きは実現せらる可き自己ありや」ではないかという基本的に同質の問いに対しても、「私の弱みに乗じて、君の文はどしどし私の心の中に入り込みました」（岸田、一巻、六六頁）と、いらつきを隠していないからである。

† 「自然」の形而上学と「もの」への衝動

劉生が「資格」ということに絡めて出している「自己の向上」と「自然への帰依」とは、『白樺』派をはじめ同時代の知識人・芸術家の多くに共通してもたれていた形而上学的思考を示唆している。

これによれば、それ自体「内なる自然」とも呼ばれる天才たる芸術家の内面は、芸術的表現を通して外界の自然と一致するのであり、その統一によって個的存在としての自己のもつ特殊性から解放され、「人類」という言葉で指示された高く普遍的な段階としての「自然」に達することができる。逆にいえば究極的な存在としての「自然」によって、芸術も含む自己の営為は、そこに向かう行為として肯定されることになるのであって、武者小路が「自己を活かすことは、自然の意思なのだ」と言い切ったのは、こうした思想の端的な表現だった。したがって劉生が芸術家としての孤独を「人類としての自分と自然との意思の調和を本当に感じる事」（岸田、一巻、二四八頁）だと解釈するとき、彼は武者小路と同じ道の上を走っていたのである。

もっともそうした形而上学的志向の共有にもかかわらず、劉生の裡《うち》には外界物としての自然、つまり物体としての自然のとらえがたさの意識が強いものとしてあり、それがおそらく終生問題的なものとして、彼を後期印象派的な出発点から写実へ、しかも高橋由一とは異なる彼独自のリアリズムへと導いていったように思われる。(11) その端緒は既に一九一二年の段階で見つかる——

自分の心は常に自然の深く大なる力に圧迫されて居る。自然はその形相の底に知れざる無量の力をかくして、ひしひしと自分の心に迫って来る。……実に輝く小さな小石にも、又は路傍のかすかな雑草にも一つとして自分の心に、謎ならぬものはないのである。（岸田、一巻、九―一〇頁）

もちろんこのように「自然」は把握不可能な謎であるけれども、劉生にとってそれは、ネガティヴなことではなく、むしろ彼を絶えず前進させる力としてイメージされる。

自分が自然におびやかされて居る間、自然は自分にとっては終に「他」である。遠き「他」である。

かくて自分は歩まねばならない。（岸田、一巻、一〇頁）

いかにかして遠き「他」である自然に肉迫し突入して、彼を自分の心に抱き、彼に自分の心を抱かれたいのである。（岸田、一巻、一一頁）

絵画とは、そうした歩みの末に現われる自己と自然との合一であり、「自然を理解した自分の心の具象を表現する方法」であると同時に「自然そのものの再現」でなければならない（岸田、一巻、一二頁）。

† 油彩の原点への回帰

把握不可能な自然へのこの衝動は、まもなく彼を実作において、油彩の伝統の原点へ、すなわちアルブレヒト・デューラー、さらにファン・エイク兄弟へと遡行させていき、そこに手で触れるような質感をもった物体の再現の可能性を求めさせることになる。彼の履歴でいえば、一九一三年十月、当時は府下豊多摩郡にあった代々木山谷に引っ越してきて以来、そうした志向が画面に現われ始めるのであり、盛んに描いた肖像を《黒き帽子の自画像》（一九一四年三月六日）［図12］、《S肖像》（一九一四年五月三日）［図13］、《画家の妻》（一九一四年八月十八日）［図14］と並べていってみると、劉生が《B.L.の肖像》（一九一三年五月十三日）［図15］の地点から移動していった方向と距離とがはっきりと見て取れる。一九一五年一月十日の日付がモノグラムとともに書き込まれた《画家の妻》［図16］となると、あざといほどのデューラーの模倣といっていいだろう。彼の代表作の一つ《道路と土手と塀（切通之写生）》［図17］も、同様に赤土の質感を狙った

図14　岸田劉生《画家の妻》(1914年,『生誕110年岸田劉生展』より転載)

図12　岸田劉生《黒き帽子の自画像》(1914年, 和歌山県立近代美術館蔵)

図15　岸田劉生《B.L.の肖像》(1913年, 東京近代美術館蔵)

図13　岸田劉生《S肖像》(1914年,『生誕110年岸田劉生展』より転載)

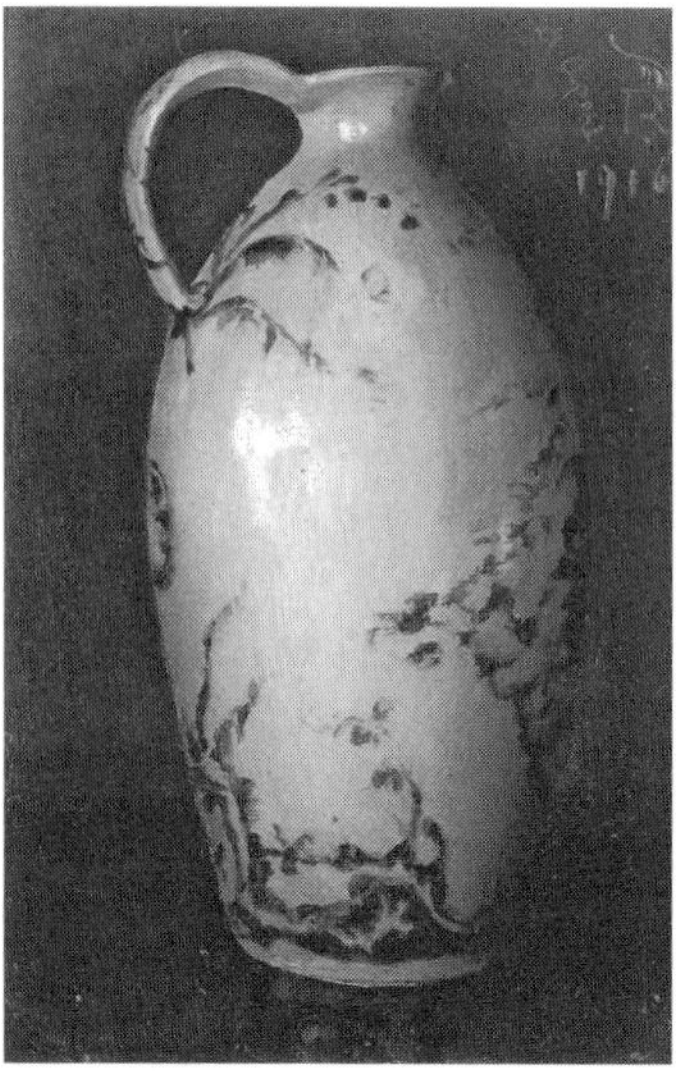

図18　岸田劉生《壺》(1916年，下関市立美術館蔵)

図16　岸田劉生《画家の妻》(1915年，大原美術館蔵)

図19　岸田劉生《林檎三個》(1917年，大阪市立美術館蔵)

図17　岸田劉生《道路と土手と塀(切通之写生)》(1915年，東京国立近代美術館蔵)

作品群とともに、劉生のリアリズムへの歩みを示すものである。さらに一九一七年二月二十三日神奈川県藤沢の鵠沼《くげぬま》に移ると、このリアリズムは、代々木時代の《壺》［図18］にもその萌芽が見られる、物が存在することと自体の神秘感に到りつくのであり、《林檎《りんご》三個》（一九一七年二月）［図19］あるいは《静物（赤林檎三個、茶碗、ブリキ鑵、匙）》（一九二〇年三月二十七日）［図20］は、こうした歩みの頂点ともいうべき作品である。

図20　岸田劉生《静物（赤林檎三個, 茶碗, ブリキ鑵, 匙）》（1920年, 大原美術館蔵）

彼は一九二〇年に、それまで書いた芸術論を自分の作品の複製とともに、既に触れた『劉生画集及芸術観』として出版する。そこで彼は、「自然」の古き名称である「造化」という概念をもちだし、それを世界の究極的根拠と規定するとともに、芸術をその「最後の意思」（岸田、二巻、三五二頁）の現われと位置づける。この「意思」がもっとも本質的に自己実現したところを、彼は「無形のもの」、「無形の美」、「内なる美」などと呼ぶが、それは彼自身のリアリズムを肯定する概念でもある。「深く写実を追及すると不思議なイメーヂに達する。それは「神秘」である。実在の感じの奥は神秘である。それは無形の美である。……自分は写実から入った神秘派と云われても苦しくない」（岸田、二巻、三七六頁）[12]。写実をただの「ありのままに写す」以上のものにするのがこの「無形の域」（岸田、二巻、四一七頁）であり、リアリズムは彼の場合、「美術に於ける唯心的領域」（岸田、二巻、四二七頁）とも命名される、この形而上学的核心への努力と解されるのである。

† 個の解体と東洋回帰

劉生は、彼が向かっていったリアリズムを、こうして『白樺』派の「自然」の形而上学の延長線上で捉えていた。こうした全体的普遍的な原理にまで高まっていく志向がそもそも、彼を先の内田や安倍の問いから救い、表現すべき「自己」を確保する方向であったかどうか、それは、はなはだ疑わしいと、私は考えている。むしろ事態は逆で、「自己」存在は、それを肯定する根拠としての「自然」の超越性が高められ、「神秘化」されることによって、そのなかに吸収され、個としての存在の強さを失っていくようにすら思われる。

もっともそれは、劉生個人の問題というよりも、より大きなスパンでの精神史的な潮流に関わる。というのも、個性の尊重を語った『白樺』の同人たちも、同様の道を辿るからである。かつて「革命の画家」で、天才的個人を賛美していた柳宗悦が、同じように「自然」概念を超越化して、そこへの「自己寂滅」を語るようになるのは（伊藤 二〇〇三、一〇一頁以下参照）、劉生が代々木に移った頃と重なる。「自己の分離は知を産む、しかし実在を現わし得ない。個性は真理の批判を産む、然し個性と外囲との渾一に於てのみ真理の体現がある」（柳、二巻、二八〇頁）とはこの時期の柳の言葉だが、個性が「分離」すなわち個別性を乗り越えて一体化していく「外囲」、柳の場合の「神」とは、劉生の言説に置き移せば「造化」となり、「真理の体現」は「無形の美」となろう。柳の場合は、一九二〇年代に入ると、個性的天才の美学を一八〇度転回させて、無名の職人による民衆的工芸、いわゆる「民芸」の称揚へとシフトしていく。「民芸」が共同作業によって生み出されるものである限り、それは同時に、個人から集団への転向でもある。

さらにそれは、西洋文化から東洋への回帰という側面ももつ。内田魯庵の問いに対する回答の一つは、たとえば「個性的であるとは、日本的であるということ」だが、「西洋の模倣」に抗していわれるようになる、このような思考は、『白樺』派と同じ精神史的空気を呼吸していた高村光太郎が人類的な普遍性を基本とし、「ローカル・カラー」をネガティヴなものと見ていたのとは対極に位置する。だが第二章末尾でも触れる画家・萬《よろず》鉄五郎は、ヒュウザン会に高村や劉生とともに出品しヨーロッパ同時代のキュビスムやドイツ表現主義などを貪欲に取り込んでいったにもかかわらず、晩年南画風洋画を描くようになり、絶筆となったエッセイ「東洋復帰問題の帰趨《きすう》」で一九二七年当時の美術界を指して、「東洋風の制作態度」が顧みられるのは「当然の推移」だと述べた（萬 一九八五、七五頁以下）。劉生もまた晩年、東洋回帰への傾斜の色合いを鮮明にしていったのであり、彼の晩年の美的概念「デロリ」もしくは「デレリ」、すなわち彦根屏風［図21］など初期肉筆浮世絵に現われた生々しくしつこい如実感（たとえば岸田、四巻、五四頁）を、その表われとみなすことは可能であろう。とくに彼がリアリズムを巡り、物の写実、つまり「写物」を完成した中国に対比するかたちで、「事の美しさ」、「人生描写」、いわく「写事」の完成を、「人類」の名において、日本の浮世絵に「歴史的使命」として委ねられたものと語るくだりを読むと（岸田、四巻、一三〇－一三二頁）、一九一〇年代の個性賛美が一九二〇年代後半に向かった方角を見る思いがするのである。

図21　彦根屏風（部分）（江戸時代初期，彦根市蔵）

劉生がこうした言説を含む『初期肉筆浮世絵』を出版したのは、一九二六年のことだが、彼はこれに先立つ一九二三年十月にいったん京都に引っ越した。それは関東大震災によって鵠沼の家を失ったからである。もちろん地震は自然現象だが、精神史的な節目を刻むこともある。歴史は、震災直後のドサクサのなかで、アナーキスト・大杉栄が警察によって拘束・虐殺されたことを記録している。アナーキズムは、いかなる政治権力によっても支配されない個人の存在を重視する点で、あきらかに『白樺』派と同じラインの上にあった。そういう意味で関東大震災は、個人主義の時代の終焉を指し示すといってよい。その後日本は、コミュニズムを駆逐して再度ナショナリズムへと向かっていった。一九二九年年末に亡くなった劉生は、幸か不幸か、もう一つ別なナショナリズムを本格的に経験することはないままとなった。

五　リアリズムの場所

† 虚構としてのリアリズム

高橋由一のリアリズムを支えた国家にしろ、岸田劉生の自己もしくは自然にしろ、こうして変質を余儀なくされるものだったことは、これら理念の虚構的性格を示している。自ら拠って立つ「地盤」が虚構的であるとは、本来己れより以前に存在すべきものを自ら作り出さねばならないことでもあって、裏を返せば、地盤そのものが実のところ喪失してしまっていたことを意味するであろう。要するに彼らが求めた国家や自己は、この喪失を埋めるための補塡表象だったというべきである。

この喪失の由来は、本書出発点で確認した有用性の蝕、すなわち、あらゆるものを有用化する科学技術化のもたらした目的の不在に存している。すべてが有用なもの、すなわち手段と化すならば、行為を定める目的、すなわち生の拠り所は失われてしまい、有用性自体空洞化する。そのような科学技術化が、現代を規定する根本的な動向だとするならば、国家や自己だけでなく、あらゆる生の理念が、虚構的な神話でしかないといわねばならず、別な理念をもってきても、たえず浸食に晒されるのは必定である。

現代がそうした生の目的の不在という根本状況の内にあるとしたとき、私たちは、行為する者である限り新たな神話の捏造を強いられるものの、その神話が瞬く間に消費されることも同時に経験せざるをえないであろう。けれどもそのとき同時に私たちのその自覚には、もう一つ別な生の振る舞いの可能性が映っているのではないだろうか。私たちは、根本のところで目的を失った空間、したがって意味を失った空間のなかに、「もの」とともに浮かんでいる。捏造される神話が、この空間を隠蔽《いんぺい》するものとして構想されるのに対して、私が思う別な振る舞いとは、無意味なこの空間のなかに「もの」とともに生きる感覚のことである。

† テロリズムの地平

「もの」との、そのような共生感覚への問いを抱いたとき、本章で扱った二人の近代画家のリアリズムから私たちは、国家や個人・自然の表現とは別なトーンを聞くことができるのではないだろうか。というのも、彼らの作品、たとえば高橋由一の《栗子山隧道図》や岸田劉生の《林檎三個》などには、三島通庸の政治的行為に対する国家の神話に基づく称讃、あるいは造化の現われなどの形而上学的言説が届かないなにものかがあるように私には思えるからである。それは単に「もの」が存在することの不思議とでもいおうか。劉生の言説、とりわけ「質の美感」の把握を、「写実の土台」(岸田、二巻、四二四頁)、「写実の最も写実である領域」（岸田、二巻、四二六頁）と規定するあたりは、かなりこの感覚に近づいていると私自身は思うが、逆に彼が、その存在感の背後に、神秘の源泉として「美術に於ける唯心的領域」を措定するとき、私たちが現に生きている世界から離れていってしまうように思えてならない。

むしろ私は、先に触れた初期浮世絵のもつ「デロリ」に関して彼が述べた言葉を、現代における別な振る舞いを考える手がかりとして記憶しておきたいと思うのであり、それを引用することをもって、本章を閉じることにする――

> 事象の美とは結局「人生」又は「現実」、「人間の生存」等の事に何等かの交渉がない時には起り得ない感情である。即ち如実、迫真という事は、即ち「あゝこれだ」、「この通りだ」という、日常見るもの聞くものの再現され、再び見せられた時の喜びであって、その感情の中には、自己とその再現せられた対象との生存上の共存感、交渉的経験感があるから、其処に、愛、ユーモラス、不思議等の感じが湧くのである。（岸田、四巻、一二九頁）

国家にしても、自己や自然もしくは人類にしても、それらに立脚して事柄を眺める目線が、いわば上からのものであるのに対して、ここにある劉生晩年の眼差しは、見られるものと同一の平面に立っている。リアリズムのおそらく原点ともいうべきこの平面とは、いったいなんだろうか。「あゝこれだ」、「この通りだ」という再発見の喜びだと、岸田劉生は、デロリズムの核心を表現する。再発見が、生きてきた過去への眼差しを背景として起こることだとすると、かの平面は、少なくとも時と無縁ではない。

第二章　模倣のなかの日本近代

——岡倉天心

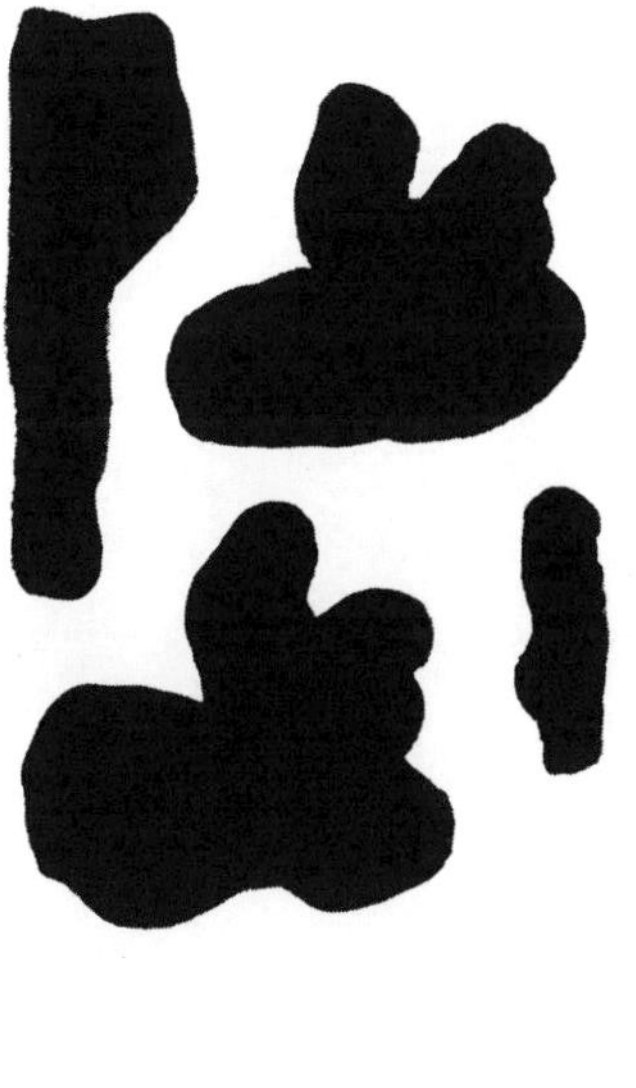

一　西洋の「まがいもの」としての近代

†荷風が見た近代日本

日本近代の社会や文化が欧米のそれの模倣として形づくられてきたことは、改めていうまでもない。そのことは、それと意識された場合、まず例外なく苦々しい思いを引き起こす。たとえばアメリカとフランスでの享楽的ともいうべき生活から引き剝がされるようにして戻ってきた永井荷風の『新帰朝者日記』（一九〇九年）などに、私たちは、まさしく木に竹をついだような日本近代化の「いかもの」性への呪詛を認めることができる。

洋行した日本人は工業でも政治でも何に限らず、唯だ其の外形の方法ばかりを応用すれば、それで立派な文明は出来るものだと思って居る。形ばかり持って来ても内容がなければ何になるものか。これが日本の今日の文明だ。真の文明の内容を見ないから、解しないから、感じないから、日本の欧州文明の輸入は実に醜悪を極めたものになったのだ。（永井、四巻、二〇〇頁）(1)

日露戦争の勝利によって「一等国」の自覚が広がるなか、荷風は「虚栄心の上に体裁よく建設された」（永井、四巻、一八三頁）明治の文明に背を向け、本場で接した「西洋の女」たちの人工的技巧的な恋のパフォーマンスを懐かしむ一方（永井、三巻、五〇九頁）、「花柳界」の女に残された江戸の風情のなかに耽溺《たんでき》していく（永井、四巻、二二三頁）。

明治に始まった日本近代が発する「まがいもの」の臭いに対して、「本物」であり「始まり」であるヨーロッパの近代は、芳香を放っている。

一日でも半日でも欧羅巴《ヨーロッパ》の空気を呼吸したものは、生涯の光栄であると今更の如く感じざるを得ない。
（永井、三巻、五八二頁）

荷風が示す褒貶《ほうへん》は、中村草田男によって「降る雪」の向こうに回顧された明治がさらに彼方に過ぎ去り、「歴史」となってしまった今日に生きる私たち自身にとっても、他人事ではなかろう。善かれ悪しかれ近代化を引き継いでいる私たちもまた、自分たちの文化の根の浅さを密かに恥じ、生い育った世界を嫌悪して欧米の空へ向かって憧憬の翼を広げたり、あるいは荷風の「花柳界」ではないにせよ、自分たちの土地のどこか片隅に「原点」の残像を求めたりしているのではないだろうか。

だが模倣という作用の両端の落差、すなわち原像の輝かしさと模像の胡散臭さとの差異は、いったいどこからやってくるのだろうか。私たちは、模倣という作用を劣化と結びつけて考えがちだが、そうした模倣のイメージ自体、「本物」や「原点」が発する「光輝」とともに、フィクショナルなもの、しかも「独創性」を重んじたヨーロッパ近代の「模倣」ではあるまいか。同時にまた己れの側に見出される「原点」なるものも、実は欧米文化模倣の副産物ではないのか――そう考えてくると、「模倣」という現象は、一筋縄ではいかない複雑さを宿しているように思われるのである。

†「まがいもの」の真実

荷風は一九二三年九月関東大震災によって焦土と化した東京に、「外観のみ修飾して百年の計をなさざる国家」に対して下された「天罰」を見た。

つらつら明治以降大正現代の帝都を見れば、いわゆる山師の玄関に異ならず。愚民を欺くいかさま物に過ぎざれば、灰燼《かいじん》になりしとてさして惜しむには及ばず。(永井、一九巻、二九四頁以下)

しかしながら既に四十歳代半ばを過ぎていた作家は、宵闇に紛れて訪ねてきた「桜川町の女」の「流行の洋装」にドガの絵を思い出し情を交わしながら(永井、一九巻、四一七頁以下)、焦土の上に生まれてきた、もっと「浅薄」にも映る生の営みに関心を向けていく。いわく、かつての東京と「震災後も日に日に変わって行く今日の光景とを比較すると、唯夢のようだというより外ない」(永井、八巻、三一四頁)。その驚きはまるで「手品師の技術」が引き起こす軽い「賛称」のようなものにすぎず、ローマ人が古都の廃墟に抱く感情とは比べようもないが、「西洋文明を模倣した都市の光景もここに至れば驚異の極、何となく一種の悲哀を催さしめる」(永井、八巻、三一四頁)。

なるほど荷風もいうように、この「悲哀」を強化しているカフェーの「女給の境遇」もまた、「西洋の都会に蔓延している私娼」が示す生の形態と「同型」ではあろう。けれども、それが模倣に伴う醜悪さだけでなく、琴線に悲しく触れる力をもつとしたならば、模倣が模倣のままに、或る種の「リアリティー」

をもつこと、模倣による作りものに「真実味」が宿ることへの一つの暗示ではあるまいか。ひょっとするとこの「真実味」は、近代が思い描いた独創性とは異なる原初性を指し示しているのかもしれない。本章では、模倣と独創との対立を固定させることなく、虚構のもつ「真実味」とともに、問いに付したままにして、「西洋の模倣」という一点に力をかけて、日本近代を振り返ってみることにする。

† 西洋との出会いと日本近代美術

もちろん西洋文化との出会い、そして模倣といっても、時間的にはかなり広い範囲に及んでいる。イエズス会士フランシスコ・ザビエルまで遡らないにしても、享保の改革によって一七二〇年の禁書政策が緩和されることを通じ、杉田玄白、司馬江漢、林子平などが鎖国状況のなかの隘路を辿ってヨーロッパに目を見開いていくのが、十八世紀後半の知的状況であったし、民間で開始された洋学に対し江戸幕府が蕃書《ばんしょ》和解御用掛《わげごようかかり》を設置して公的に統制するようになるのは、一八一一年のことだった。前章で扱った高橋由一《ゆいち》も属することになるこの組織が、十九世紀半ばに洋学所、さらに蕃書調所《ばんしょしらべどころ》、洋書調所と改称されていった頃、明治の欧化啓蒙をリードすることになる福沢諭吉や西周《にしあまね》らは、幕府に派遣されて次々と海を渡り欧米の空気を現地で呼吸するようになっていたのであり、出会いは明治維新を待たずとも、始まっていたのはたしかだ。

けれども明治に入ってからの接触は、量的にも質的にも飛躍的に進展したのであり、江戸時代にそれを準備した要因が散見されるにしても、それらはやはり萌芽に留まるのであり、ヨーロッパ文化の展開とのアナロジーを示したとしても、場合によっては全く異質な由来をもつこともあろう。そうしたこともあって、ここでは基本的に明治維新以後に限定し、模倣のイメージを考えてみようと思う。さらに日常生活から政治や文化、ことによると宗教にまで及ぶヨーロッパとの出会いの領域的な広がりにも限定を加え、この出会いによって「洋画」という特殊なジャンルを生み出した日本美術における思想やパフォーマンスに着目してみたい。というのも、この領域において人は、第一章冒頭でも言及したように模倣と独創の関係を意識せざるをえないのであり、それゆえそこから、相反するこの二つの現象の絡み合いが際立ったかたちで見えてくるように思われるからである。

二　模倣のなかの日本美術

†「天才」青木繁の場合

明治以来の日本の近代美術と限定してみたところで、既に一世紀半の年月が経過し、一個の「歴史」となっているのはまちがいない。世紀の変わり目の前後から、記念の意味もあるのだろうが、日本近代美術を回顧する展覧会が数多く企画され、私の手元に多くのカタログを残した。頁を捲りながら記憶を辿ってみるならば、この極東の美術が歩んだ道のそこここに、ヨーロッパの特定のモードや作家たちの色濃い影が落ちていることを認めないわけにはいかない。

たとえば日本洋画がアカデミーに初めて場を確保したことの象徴でもあり、その首領として君臨した黒田清輝《せいき》は、当時パリでは名の知られた画家だったラファエル・コランに師事したこともあって、この画家が身につけていた印象派登場後のサロンの雰囲気を濃厚に漂わせているし、黒田の弟子でやはり東京美術学校教授となっていく和田英作の若い頃の作品《田園風景》［図1］などは、モチーフ・画風とも、モネの《積藁《つみわら》》［図2］を思い出させる。黒田の下に収まりきらなかった青木繁であっても、例外ではない。「成功」した黒田とちがい天才の「悲劇」を地で行ったような、この夭折《ようせつ》の画家は、なるほど初期の作品《海の幸》［図3］によって、フランスで展開されていくフォーヴィスムを先取りした「独創的」な個性だったとみなされているが（たとえば松本 一九八二、五四頁以下参照）、一年ほどの先行をもって、その「独創性」を、ことさら強調することには躊躇を覚える。というのもフォーヴィスムへの展開は、印象派、後期印象派との連続性において考えられるわけで、青木の「独創性」もまた、この連続の同化・吸収に根を下ろしているからである。青木といえば誰しも思い浮かべる《海の幸》と同様、福田たね、坂本繁二郎らとの布良《めら》旅行において描かれた《海》［図4］などは、モネ、さらに後期印象派の匂いを紛々と発していて、そうした連続性を如実に表

図1　和田英作《田園風景》(1897年頃, 笠間日動美術館蔵)

図2　クロード・モネ《積藁》(1890年, オルセー美術館蔵)

図３　青木繁《海の幸》(1904年，石橋美術館蔵)

図４　青木繁《海》(1904年，石橋美術館蔵)

わしている。あるいは、その後製作された《わだつみのいろこの宮》［図５］は、彼自身期待していた評価を得られず人生暗転の契機となるという意味で、もう一つの代表作だが、こちらの方は、フォーヴィスムへと向かう流れとはまた異なった原像を映し出している。そのことは青木自身意識してもおり、彼は、

> サー・エドワード・バーンジョーンズのデコラチーブ・コムポジションに似てる処があるかも知れぬ、ピュビュース・ド・シャヴァンヌの平板な影響も在るかも知れず、ギュスターヴ・モローの風の着色法に似る様な点もあるかも知れぬ。（青木 二〇〇三、二九頁）

と自ら認めただけでなく、そうした類似を「我輩の寧ろ期して待つ所」とさえしている。青木は、この作品で日本の神話と西洋的技法との調和を目指したというわけで、「期して待つ所」と語る理由もそのあたりにあるのだろうが、友人・岩野泡鳴によれば、この作品が展示された東京府勧業博覧会で、岩野が、「多少誇張的に「どうだ、バーン・ジョーンズ」と云ったら、渠《かれ》はいやな顔をした」（岩野 二〇〇三、二六一頁）という。岩野に対するこうした反応から想像すると、西洋の模倣が「或る自然的の観念」に達した、つまり自分の血肉と同化したと、青木が満腔の自信をもって考えていたとは、思いがたい。むしろ模倣が形骸的なものに終始してはいまいかという不安は、この天才画家から離れることがなかったのではないだろうか。(2)

図5　青木繁《わだつみのいろこの宮》
（1907年，石橋美術館蔵）

†「独創性」の模倣

模倣は、洋画創生期の特殊事情ではない。二十世紀に入ると、目まぐるしく変化していくヨーロッパの絵画モードは、ほとんど同時に日本に紹介されるようになる。次章で扱う浅井忠《ちゅう》の弟子・石井柏亭《はくてい》を通して木下杢太郎《もくたろう》がワシリー・カンディンスキー『芸術における精神的なもの』に触れたのは一九一三年、[3]この著作出版の翌年のことである。シンクロし始めた時代の流れのなかで、当時の洋画をリードした画家たちは、前章の岸田劉生《りゅうせい》にしろ萬《よろず》鉄五郎にしろ、ともに例のヒュウザン会展に出品した高村光太郎の言葉を借りれば、「芸術家の PERSOENLICHKEIT《ペルゼーンリヒカイト》に無限の権威を認めよう」（高村　一九七六、一二三頁）とする強い「独創性」の意識にもかかわらず、後期印象派をはじめとする同時代西洋美術の模倣産出の運命をたやすくは突破することができなかったといわねばなるまい。上述のように岸田劉生をいらつかせた「表現さるべき自己はありや」という安倍能成《よししげ》の問いは、この時代の問題だったのである。

独創的であるべき日本の「前衛」たちには、その後もヨーロッパの先駆者たちの姿が二重映しになる。たとえば普門暁《ふもんぎょう》が一九二〇年頃残した《鹿》や《鹿・青春・光り・交叉》などの作品からは、モチーフやプリズム状の画面を通して、第一次世界大戦で没した「青い騎士」フランツ・マルクの亡霊が回帰してくる。こうした事情は、おそらく今もそうは変わらない。

三　ナショナリズムと西洋への眼差し
——岡倉天心——

†ナショナリスト天心

一九三八年、独立美術協会の展覧会を上野に訪れた亀井勝一郎は、そこに溢れたシュルレアリスムの模倣物に「最も安っぽいモダン・ボーイの服装」にも似た「歴史の欠如」を認め、明治にあって「同様」の「欠如」に「反撃」した岡倉天心のことを思い出していた（亀井 一九八二、一五二頁）。[4]

岡倉天心、すなわち覚三は、荷風と同じく「硬いカラーや山高帽」（岡倉、一巻、二六九頁）[5]に象徴される西洋の浅薄な模倣を嘲笑った男であり、美術行政官として一八八九年、東京美術学校を創設した際、東京藝術大学のもう一つの前身であった東京音楽学校が「合理主義者」伊沢修二の下で、「五線譜に書けないものは音楽ではない」とばかりに、西洋音楽一辺倒の方向性をとったのとは正反対に（竹内 一九八二、一八六頁以下参照）、西洋画科を置かなかった。当時日本の「洋画」はまだ創生期を脱したばかりだったとはいえ、次章でその精神史的位置を測定することになる浅井忠やその朋友で青木繁の最初の師匠でもあった小山正太郎などは、既に名をなしていた。そうした状況のなかでの岡倉の美術行政は、たしかに西洋模倣への「反撃」であり、その結果官学から「排除」された浅井ら初期の「大家」たちは、同じく一八八九年、明治美術会を結成していくことになる。浅井が東京美術学校の教授になるのは一八九八年、つまり岡倉が校長職から追われた年のことであるし、次章で触れるように、この追放に浅井のグループも関わっていた。[6]

岡倉のパフォーマンスは、大きく見れば井上馨《かおる》に導かれた欧化政策などに対抗して生じた世紀末のナショナリズムの流れに位置づけられうるわけで、同じ流れのなかでは、たとえば志賀重昂《しげたか》が「欧州旨義《しぎ》」に対して「国粋保存旨義」を唱えたこと、すなわち黄色の肌を白くし黒髪を「銅色」に染め目を緑にしてみたり、鎌倉をウィンザー、鶴岡八幡宮をカンタベリー寺院と見立てたりするさまを、劣等な生物が周囲の自然や優秀な生物を真似するミミクリと同列だと非難することも生じたのであった（大室 二〇〇三、一五頁以下）。

† 西洋との連関と区別

だが岡倉のこういった姿勢は、西洋の模倣から自由であったどころか、きわめて強く西洋的視線に影響されたものだったといわねばならない。周知のように、岡倉は文科大学時代、アーネスト・フェノロサによって「当時ほとんど地に堕ちていた日本美術」へと目を開かれていったのであり、そもそも彼がフェノロサとの親交を得たのは、「いまだ声変わりせぬ幼年時代」、英語教育を受けていたことに起因していた（岡倉一雄 一九七一、一一頁以下参照）。後に出版されていく彼の著述は、『東洋の理想』にしろ『茶の本』にしろ、ほとんどが英語で書かれていたのだから、昭和期になって浅野晃ら日本浪漫派によって先駆的存在として祭り上げられることになる彼のナショナリズム(7)は、明らかに西洋もしくはその支配下にあった他のアジアに向けて発信されたものであり、西洋への「対抗」は、維新前後西洋へと向かって開かれた視野のなかで育まれたのであった(8)。

とはいえ岡倉の日本画志向が、常に西洋との意識的な区別のもとにあったのはたしかである。たとえば一八九四年、既に東京美術学校で校長として運営に邁進していた彼は、意見書「美術教育施設ニ付意見」を書き、「高等美術学校」の設立を呼びかけているが、そこには次のような文章が見つかる――

泰西自ずから泰西の情勢あり本邦自ずから本邦の必要あり……憶《おも》うに本邦美術の性質上、彼と趣《おもむき》を

異にするもの少しとせず。(岡倉、三巻、三八八頁)

したがってヨーロッパの文化の「輝かしさ」に目がくらんで、ただ表面だけを真似するのは、本当の知識人がなすところではないのであり、作られるべき「高等美術学校」に関しても、自分たち自身が「本邦の必要」に応じて、選択しなければならない。

しかし「泰西」の状況・趣味との区別を掲げるにもかかわらず、岡倉のいう「本邦美術の性質」は、「泰西の情勢」と或る符合を示すことになる。岡倉がこの意見書において一例として挙げている「区別」は、ヨーロッパ美術に見られるような「純正美術」と「工業美術」との間の区別が日本にはないという点である(岡倉、三巻、三八八頁)。けれども美術と工芸との間の区別は、第三章でも論ずるように、ヨーロッパにおいて既に自明性を失いつつあったのであり、ウィリアム・モリスのアーツ・アンド・クラフツ・ムーヴメントに始まる美術と工芸との融合は、フランスのアール・ヌーヴォー、ドイツのユーゲント・シュティールなどといった拡がりを見せるとともに、二十世紀前半の前衛芸術の源泉の一つとなっていった。そうした事情を鑑みると、岡倉が指摘している「泰西」と異なる「本邦の趣」は、実のところヨーロッパの同時代的な美術状況に適合したものだということになろう。しかもこのような状況を岡倉が知らなかったわけではなく、この区別の実際上の無効性は「近来欧州先進者」が認めているところだとも述べている。その上で日本では元来絵画が直ちに模様であったといわれるとき、むしろ「本邦古来の趣」がヨーロッパ芸術の先端に並ぶ、もしくはこれを先取りしている可能性すらほのめかされているようにも見えるのであり、それは次章で確認するように、彼と敵対的ポジションに立っていた浅井忠がパリでとった姿勢でもあった。
もっともそうした可能性は、翌月豊島沖海戦において日清戦争に突入していこうとする歴史的段階においては、せいぜい暗示に留まったというべきだろう。なぜなら、ようやく近代化が軌道に乗り始めたばかりの日本の場合、「国家経済の道」をはじめ「国家百般の状況」からして「俄《にわ》かに外国を倣《なら》うべからざるもの」があるということ、つまり「数百年の間」国家による保護を経てきたヨーロッパの美術と比べて日本美術は制度的に未成熟であるゆえ、その振興にはやはり「非常の力を用いざるべからざるは弁を俟《ま》たず」(岡倉、三巻、三八九頁)というのが実情で、日本の先進性の主張などほど遠いといったあたりが、岡倉にとって正直なところだったと考えられるからである。

だが少なくとも、たとえ暗示にすぎなかったにせよ、絵画が模様であったという日本絵画の伝統的特色を一種の先駆性に読み替えようとする作業は、第一章で見た外《と》山正一《やままさかず》が、同じ演説「日本絵画ノ未来」において、同時代の日本絵画が示す「インスピレーション」や「思想」の希薄さを「装飾画」の名の下で卑下したこと(外山 二〇一三、一五二頁)[9]と比較してみたとき、ヨーロッパ絵画運動のより先行した段階を尺度として初めて可能であったのはまちがいない。

†「美術貿易」への志向

いずれにせよ、そのような歴史状況のなかで彼我の区別の意識は、むしろ既に幕末以来博覧会を通して日本が気づいていたヨーロッパのエキゾチシズムへの迎合的反応といった相を帯びることになる。要するに「猿真似」の洋画よりも日本趣味を漂わせた美術、あるいはむしろ工芸の方がヨーロッパに受ける産業製品となりうるという意識は、十九世紀末の日本美術シーンの少なくとも一つの側面をなしていたのであって、「美術工芸品が有力な産業としてクローズアップされ、殖産興業の一環として位置付けられる」という「博覧会美術」的な状況（『再考・近代日本の絵画／美意識の形成と展開』二六頁以下参照）は、岡倉の意見書にも見て取ることができる。いわく「外国貿易上我工業に付随せる名誉と利益」は、「美術的趣味の優美雅潔なるに帰せずんばあらず」。「我特徴たる美術的工業」を従来の形で保持することができれば「一層国家の富源」を増すことになるはずだ。具体的にいえば、

漆器に銅器に彫金に彫刻に陶工七宝に織物繍物に其他一切の美術的製品にして能く其特種の趣致を発し外国の需要に適合するに至らば輸出上の結果今日に倍蓰《ばいし》するは期して俟《ま》つべきなり。（岡倉、三巻、三八三頁）

岡倉の意見書は、輸出を「倍蓰」、すなわち数倍にすることを目論む「美術貿易」（岡倉、三巻、四〇八頁）を志向することによって、「純美術」のジャンル――仮にそういう分野があるとしての話だが――に還元できない政治的経済的位置価を視野に置く。一八九二年、臨時博覧会監査官としてシカゴ博覧会に関わった経験をもつ彼は、その日本美術志向にもかかわらず、というよりは、ほかならぬこの志向によって、西洋型の産業社会の育成を目指した近代化と密接に結びついていたわけである。

† 創造される「伝統」

それだけではない。「美術貿易」において扱われるべき「本邦美術」そのものが、もはや従来の「伝統」のなかに留まることができない。岡倉は、いってみれば「本邦美術」を「創出」しようとする。

たしかに彼は幕府崩壊とともに落ちぶれ「芝の陋巷《ろうこう》に隠れていた狩野芳崖《ほうがい》」を探し出し、東京美術学校の設立のために招聘《しょうへい》したが、狩野派を日本画「正統」の位置に戻したかに見える、こうした行為であっても、単なる復古的なものであったわけではない。なぜなら、そもそも幕府公認の狩野派は、岡倉にとって「徳川体制の冷ややかな因習主義」（岡倉、一巻、九八頁）のもとで「独創的な卓越」（岡倉、一巻、一〇〇頁）を阻害された状態にあったのであり、そうした意味での狩野派の復元など、彼の意図するところではなかったし、岡倉からすると芳崖という男は「幕府の世禄を以って養成せられたる狩野門中に成長し」、常にその環境に毒された者のなかで一人「断然として破格を試むる」者として「尋常の士」ではなかった（岡倉、三巻、六八頁）からである。岡倉が芳崖や橋本雅邦に期待したのは、伝統の保存や復権ではなく、「日本の古代芸術の可能性のより高い実現」（岡倉、一巻、一一四頁。強調引用者）である。本書冒頭で引用した「伝統とは石ころがそこにあるように、あるものではない」という高橋和巳の言葉は、伝統へのこうした岡倉の基本姿勢を評したものである。

† 「個性」と結びつくナショナリズム

したがって岡倉は伝統保守の姿勢に対抗する意思さえ見せる。一八八七年十一月六日、ヨーロッパからの帰朝講演のなかで、岡倉は西洋主義者および東西折衷主義者と並んで「純粋の日本論者」を、衰退期にある日本美術の「挽回」を図りながら結局「模擬に陥り、真正活発なる開達を望む」ことができぬ者として退け、「東西の区別を論ぜず美術の大道に基き、理のある所は之を取り美のある所は之を究《きわ》め」よと呼びかけることになる（岡倉、三巻、一七三頁以下）。さらに彼は一八九〇年の第三回内国勧業博覧会の審査官として書いた報告書のなかでも、美術のみならず時代を覆う趨勢《すうせい》として「新奇を求め或は洋風に流れ」る「進取の弊」と並んで、「保守の弊」を挙げて、こう批判する――「或は外国の風に模倣して自己の長所を破壊するものあり、或は漫《みだり》に固有の習慣に拘泥して気運の向かう所を阻害するものあり」。美術における保守主義は、ただ旧いかたちを模倣するに留まるものであって「精神薄弱、技術萎靡《いび》、僅《わずか》に旧時代の残影を止むるに過ぎず」（岡倉、三巻、八四頁以下）。

フェノロサ譲りの日本美術贔屓《びいき》からの「転向」を示すものにも見えかねない、これら言説の源を、ヨーロッパ視察という、現地での経験に求める向きもあるが（高階秀爾 一九八二、二五四頁以下、および高階絵里香 二〇〇〇、二二三頁参照）、岡倉はそれ以前からけっして保守主義者ではなかったし、むしろ早くから時代の変化への自覚的な対応の必要性を表明していた。一八八五年「日本美術の滅亡を座して俟つべけんや」という扇情的なタイトルをもつテクストにおいて、彼はこう述べている――

夫《そ》れ社会万般の事物は一として時勢の結果に非ざるはなし。時勢に適合する者は生存し時勢に離背するものは滅亡す。是《これ》自然淘汰の原則にして普《あまね》く人の知る所なり。

「自然淘汰」の語に示されるダーウィニズムの受容もさることながら、彼にとって「日本美術の滅亡」

は、「旧来古法の墨守」の結果にほかならず、もしそれを免れようと思うならば「泰西美学の真理を適用し真正着実に勧奨するの外なし」（岡倉、三巻、二一頁以下）。あるいは岡倉がヨーロッパ視察の前年の一八八六年に書いたテクスト「東洋絵画共進会批評」においても、彼ははっきりとこう語る――

凡《およ》そ社会万般の事物は活動変遷して一息の間断なし。進めば即ち存し進まざれば即ち滅ぶ。豈《あ》に一処に沈淪《ちんりん》するを得んや。（岡倉、三巻、二四頁以下）

ここでの岡倉は「東洋絵画共進会」に向かって、明治社会の「激変」に対してなんら策を講ぜず「新機軸の開発を奨励」しようとしないなど「到底将来に望みなきもの」だと、はなはだ厳しい批評をぶつけている。ちなみに「東洋絵画共進会」は、元佐賀藩藩士で伝統美術工芸の保存・育成を志向した佐野常民《つねたみ》指揮下の龍池会に呼応して作られた組織である。龍池会は、岡倉が当初書記として属していたものであり、岡倉は佐野にも「美術貿易」の推進を進言する手紙を書き送ったりしたこともあったのだが（木下、五一頁以下）[10]、ここでは「保守の弊」の具体的な現われとみなされるのであった。[11]

† 近代的自己との近さ

岡倉が龍池会に代表される保守主義に抗して強調した「新機軸」の中心は、「自主の心」、すなわち伝統の固守と外来文化の模倣の中間に「独立の地位を保つ」ことであり、それが初めて伝統にしろ外来にしろ「之を取りて参考となし之を選んで材料となな」すことを可能にする（岡倉、三巻、八五頁以下）。しかしながら「美術を発達進歩するは唯だ美術家一身の力」だと語られるとき、彼が期待する「審査の習気如何を窺《うかが》はず、自ら奮て一個独立の意匠を出し、古往今来に対して其《その》名誉を保維する」(岡倉、三巻、二四頁)ような独立的な個性は、ヨーロッパ近代に登場した芸術家たちのことを思い起こさせる。岡倉は、画業にいささかなりと通じているものなら展示に値しないとわかるものをそのまま受け入れている「東洋絵画共進会」のあり方への批判を込めて、厳しい審査制度とともに、それによって排除された作品を展示する「謝絶品館」、いわゆる「落選展(Salon des Refusés)」をも備えたフランスの美術展状況を対峙させているが(岡倉、三巻、二七頁)、既にサロンの周辺には、《草上の昼食》落選のマネをはじめ、モネ、さらにセザンヌやゴッホなど、審査を越えてその後のヨーロッパ絵画シーンにおける「新機軸」を打ち出していく画家たちが現われ始めていた。岡倉が「国民芸術」「再建」のために「敬愛と知識」をもって対すべきだとした「西洋の芸術創造においてもっとも親身な共感をそそられる動き」(岡倉、一巻、一一四頁)のなかに、そうした画家たちの姿が入ってきても不思議ではない。[12] 一九〇四年、セント・ルイス万国博覧会の講演では、はっきりとこういわれている——「芸術は個人の精神の表現以外の何ものでもありません」(岡倉、二巻、六四頁)。

作品創造の主体のありように見える西洋近代との同調は、創作家ではなかったとはいえ、岡倉自身のものでもある。彼がフェノロサとともに法隆寺夢殿の「秘仏」救世観音を開いたことは、有名な事件だ。法隆寺の僧侶は、かつて自分たちがこれを開こうとしたとき、空がにわかに曇って雷鳴が轟いたといって、岡倉らの頼みを簡単には聞き入れなかったが、岡倉は「落雷の事は我等之れを引受」けると約束して開帳する。「僧等恐れて皆去る」のを尻目に布や紙を取り除いて「七尺有余の仏像」を目の当たりにし、「一生の最快事」と記す岡倉の態度(岡倉、四巻、三六頁以下)は、「脱魔術化」された「鑑賞」的主体の出現として、宗教との連関から切断された芸術へと向かっていった西洋近代のラインに沿っている[13]。

自立的個性的な画家のイメージのみならず、作られるべき作品にも、西洋的な純粋芸術への志向が滲む。彼は、伝統保守の態度が生み出すものとして当時の文人画をたびたび挙げているが、岡倉の師匠フェノロサは、ほかならぬ龍池会における講演「美術真説」において[14]、文人画が絵画ではなく文学美術であり「詩文の妙想は、必ずしも画の妙想と同じ」ではないと述べている。いわく文人画の場合「画外別に文学の善美なるもの」があるゆえ、これは「実に画術の本旨にあらざるなり」（フェノロサ 一九八八、二七頁）。この発言には、他の芸術ジャンル以上に文学に含みこまれがちな文化的ローカリティーを薄めた方が、ヨーロッパ市場に流通させやすいという配慮もあろうが、既に第一章で高橋由一や森鷗外に関連して触れたように、神話画や歴史画などに見られる文学性への依存から離れ純粋に視覚に訴えるような作品へと向かった十九世紀ヨーロッパの絵画運動との共通の志向が見え隠れする。岡倉がフェノロサのこうした考えを受け継いでいるとしたならば[15]、彼のいう「新機軸」に沿って生み出された作品は、たとえ日本画の領域にあっても、ヨーロッパとの共振を含んでいるとみなされよう。たとえば岡倉の配下にいた横山大観《たいかん》や菱田春草《しゅんそう》らが岡倉の示唆によって創出していった「朦朧体《もうろうたい》」には、線主体の旧来の日本画とは異なり、色彩を志向した印象派との共通のトーンが響いている[16]。

† 網としての模倣

こうしてみてくると、岡倉の日本画志向は、ヨーロッパ美術への対抗を意識しただけでなく、それに導かれながら動いていったといわざるをえない。いってみれば、卓抜な英語能力によっていち早く欧米文化への入口を得ていたがゆえに、岡倉が、洋画排除を掲げても、その排除自身「美術貿易」という形で欧米のオリエンタリズムに呼応したものであったし、創出されるべき日本的な絵画の「新機軸」自体、制作主体にしても作品にしても、西洋に模倣の範をとっていたといえるだろう。よく似た事態は、先に触れた志賀の「国粋保存旨義」のミミクリ批判がダーウィンやスペンサーの影響のもとになされていたことにも見られるわけで、日本の固有性・優秀性を主張しながらも、実は欧米の思想にひそかに依存している、広い意味では模倣しているという構造を、世紀末のナショナリズムは示している。この構造は、時流が変わればば、まったく正反対の言説を同一の思想家から漏らさせかねない。時流の変化とは、先達を後追いしていることの劣等感が薄れたとき、たとえば「先進国」に追いつき、「模倣物」がいわば「本物」に化けたかに感じられるようになったときのことである。実際日露戦争後、かの「一等国」の意識が広まるなかで志賀は、「鹿児島は日本のナポリ、伊豆半島は日本のイタリア」と自身ミミクリをやってのけてしまうのである（大室 二〇〇三、三一一頁以下参照）。欧米文化の模倣は、その運動を批判した人々の内部にも確実に浸透している、きわめて根深いものであり、そういう意味で日本近代は模倣のなかにどっぷりとつかっていたといわねばなるまい。

模倣が、原像をはっきりと志向したものはもちろん、そうした行為から逃れ出ようとする働きにも感染していくものだとするならば、私たちは、模倣そのものに対するイメージを変えなければならないのではなかろうか。模倣は、模倣する者と模倣される原像との間に結ばれる一対一の主体客体関係というよりは、主体を取り込む網のような構造であり、たとえそこから脱出しようと試みても、その脱出そのものを自らの養分にして成長していく生き物のように考えるべきではないだろうか。というのも一対一の関係イメージが「日本が西洋を模倣する」という形で、模倣主体の或る種の意思、さらにいえば実体性・独立性をどこかしら残存させているのに対して、したがって「和魂洋才」といったかたちでの主体の独自性を許容する模倣の受け取り方を可能にさせるのに対して、おそらく実際のところ主体といっても確たるものが存在しているのではなく、模倣の運動に巻き込まれ、そのなかでいつのまにか変形変質していくようなものと考えられるからである。

思うに模倣《ミメーシス》という言葉は、演劇における「演技」に関わる。俳優は仮面の裏側に彼自身の顔を残していてはならぬ。彼自身の人格が役柄という仮面と融合して初めて、演劇の空間は開かれる。俳優は、いわば役柄に憑依されることによって、むしろその「個性」を失う。そうして形成されていく演技空間は、観る者たちも包み込む別な世界を結ぶのであり、現出する形象への愛憎もまたすべて、この世界を満たす空気のなかで花開く。日本の近代化は、西洋の模倣という巨大な演技空間のうちで進行していったのではあるまいか。私が本章のタイトルを「模倣のなかの日本近代」としたのは、そうしたイメージを念頭に置いてのことである。

ここで論じている「模倣のなかの日本近代」は、さしあたり明治の末に限られてはいる。けれどもそれからだいぶ時を経た私たち自身も、今まで述べてきたような模倣の空間のなかになお留まっているのではなかろうか。「思想」とか「哲学」とか呼ばれる知的営みの世界を眺めるにつけても、いやその前に私自身の貧しい思索の経過を振り返ってみても、日本における思考の試みが、ともすると欧米の流行思想の受け売りに陥りかねないことは紛れもない事実である。多くの「哲学」研究者が、「輸入代理店」よろしく、扱う「商品」の「正規品」たることを他と争い、それを哲学的営みと考えて疑わないだけでなく、「本家本元」の「伝統」を実体化し、万一それが脅かされると思えば「お家の一大事」と意気込んで大騒ぎをするといった、哲学的精神との整合性に対する自覚を疑うような事態まで、私自身若い頃から見聞してきている。もちろん、そのことを批判的に指摘したり反省したりする試みが西洋由来の思考の構図のなかを動いていることも否定しがたいであろうし、その構図が私のここでの言説や考察を包んでいることも、私は認める。私たちは、模倣の演技空間を抜け出しがたくさまよっていく。けれども、そうして今もなお私たちを執拗に捉えて放さない空間を支えている力、この空間が出現してくる源は、いったいなんなのだろうか。

† 科学技術の力

日本近代の場合この源は、やはり科学技術を通して探る以外にないと私は考えている。西洋の文化から生まれ近代において巨大な力に成長した科学技術は、日本を含めそれをもたなかった文化圏に対して、受容・導入を不可避的なものとしたのであり、それを生み出したヨーロッパ文化もまた、圧倒的な優位性を帯びて他の地域に迫ってくるようになった。岡倉も一九〇四年の著述『日本の覚醒』において、自らが生きる世界の出現の源が「機械的発明の急速な発展」の内にあり、それが単に産業のみならず、「エチケットと言語」を西洋化し、「知識」をも組織化していくのを見ていた（岡倉、一巻、二二〇頁）。けれども明治維新を通して天皇中心に日本が一つになることによって機械文明がもたらした「アジアの屈辱」（岡倉、一巻、二二二頁）が晴らされ、「アジアの夜」が「旭日昇天を前にして永久に去った」と厳かに宣言するようになる（岡倉、一巻、二一六頁）のを見ると、岡倉が科学技術の支配の深さをどこまで測定していたのかは、さだかでない。岡倉のロマン主義が「調和」と「不二元」という「東洋の理想」の「鋳造」によって、階級的支配などの「内的対立」を隠してしまったというのは、丸山真男の指摘だが（丸山 一九八二、一七一頁以下参照）、隠されたもののなかには、不可避的に浸透するテクノロジーによる、来るはずの「アジアの昼」自体の変質もあるにちがいない(17)。

だが、変質は岡倉のなかで、うっすらとではあれ自覚されていたようにも見える(18)。『東洋の理想』に比べると激しい「アジテーションすれすれの表現」が目立つ、いわゆる『東洋の覚醒』において岡倉は、「覚醒」にとって重要なのが「愛国心の組織的な高揚と戦争に対する計画的な準備」（岡倉、一巻、一六二頁）だけであり、日本はインドの玉座より影薄い存在であったミカドを中心にそれを成し遂げたのだ（岡倉、一巻、一六五頁以下）と語るとともに、日本が「近代列強の一員」になった理由を次のように指摘する――「なぜなら、列強が理解し尊敬することができるのは、野蛮な力だけだからである」（岡倉、一巻、一六六頁）。「野蛮な力」とは、科学技術から噴出してくる武力にほかならない。結局「アジアは一つ」という有名な標語によって指し示された「東洋の理想」もその実現は、「究極的なもの、普遍的なものに対する広やかな愛情」というアジア共通の「思想遺産」とは対極に置かれた「個別的なもの」や「手段」の探求にいそしむ「地中海やバルト海の海洋的民族」（岡倉、一巻、一三頁）が生み出した科学技術抜きにしては考えられないのであり、しかもそれによって「野蛮さ」と結託してしまう。その後一九〇六年、浮かれ気分の志賀重昂とはちがい岡倉は『茶の本』の冒頭で、かつて茶という「穏かな技芸」に沈潜していた頃、日本を「野蛮国」と見ていた西洋人が、日露戦争下の満州で「大殺戮を犯し始めて以来文明国と呼んでいる」と皮肉りつつ、こういった――

もしもわが国が文明国となるために身の毛もよだつ戦争の光栄に拠らなければならないとしたら、われわれは喜んで野蛮人でいよう。（岡倉、一巻、二六七頁以下）

だが「小さいもの、はかないもの」への愛情のなかで「われわれの技芸と理想にふさわしい尊敬がはらわれる時まで」待つことの対価はたやすく計りうるし、実際にもそれを支払う必要は生じなかった。日本は、おそらくより先鋭化したかたちで西洋的テクノロジーを身につけていったからである。もっともそれは、後になって、少なくとも比較に値する以上のツケを別なかたちで要求されることにつながるのだが。『東洋の覚醒』の岡倉は「なぜ回教諸帝国は、栄光ある聖戦を起こさないのか」（岡倉、一巻、一六六頁）とも問うていた。今日アメリカニズムのグローバリゼーションのなかで文化的異質性を示しているイスラム武装組織が、否応なくアメリカニズムと同根の由来をもつジェット機やロケット砲、インターネットによってこのグローバリゼーションに対抗せざるをえないことに、私たちは模倣を強制してくる科学技術の支配の根深さを見て取ることができると思うのである。

四　模倣の連鎖の底にあるもの

†　近代化は黄昏とともにやってきた

「殖産興業」を志した瞬間から日本近代が科学技術の力によってほとんど宿命的にも思えるほど模倣の

なかにあったとしたならば、そしてそれが今の私たち自身の運命でもあったとしたら、そのことを私たちはどう受けとめるべきなのか。岡倉や志賀に見られるようなナショナリズム的反発を見る限り、模倣の網からもがき出ようと抗っても、模倣の根のところまで掘り下げてみない限り、その行為自体模倣の内に取り込まれてしまうだろう。だとすると私たちにできることは、むやみに模倣から抜け出て「独創」的なものを獲得しようと努めることではなく、むしろ模倣のなかにいながら、科学技術の歴史的布置を見てとること、そしてこの宿命の根本に目を凝らしていくことではないだろうか。

そうした観点を採ってみたとき、日本の近代化が十九世紀の後半になって本格的に開始されたという歴史的事実が特殊な意味合いをもって浮かび上がってくるように私には思われる。なによりもこの時代は、ヨーロッパにおいて科学技術の母体の中核といっていい近代理性の揺らぎが意識された時代である。たとえばドイツの場合その頃は、科学そのものを哲学にとって代わるものとみなす科学主義が、心理学主義、社会学主義、ダーウィニズム、唯物論などといったかたちをとって現われる一方、それに対抗して新カント派などによる科学的知の捉え直しが起こっていった時代であるが、なかでもラディカルな傾向は、大学外部もしくは周辺部で生じていた。その一つ、個を溶解させるディオニュソス的なものの発見や美的ソクラテス主義批判などをもって理性批判の狼煙《のろし》を上げたフリードリヒ・ニーチェの『悲劇の誕生』が出版されたのは一八七二年、前年廃藩置県を行なった明治新政府は、この年国立銀行を設立し富岡製糸場を開設して、本格的に産業化を推進していく。つまり日本の近代化は、ヨーロッパにおける近代に黄昏が忍び寄ったとき、少なくとも模倣の原像が揺らぎ始めたときに、同時に開始されたといえよう。そこで起こっている根本的な出来事は、科学技術が理性という母体から独立し、この母体とそれが構築した構造物を飲み込んでいくことである。理性的存在と考えられてきた人間は、黄昏の光のなかで、科学技術をコントロールできる主体の位置から、技術の適用対象へと滑り落ち、近代精神のなかで造形された責任や自由の概念とともに、技術の運動に飲み込まれていく。実際にも、技術が操作される道具ではなく、それ自身別な「主体」になっていくことは、それがもたらしたさまざまな災厄とともに、ほどなくヨーロッパの人々に気づかれ始めていくことになる。

「十九世紀後半に始まった」というクロノロジカルな事実が、模倣としての日本の近代化にとってもつ特殊な意義とはなんなのか。それは、近代をその晩期まで構成するさまざまな文化要素が同時に到来したという事態に含まれている。ヨーロッパ近代と一口にいっても、短く見積もって近代自然科学の成立の象徴たるニュートン「万有引力の発見」から数えるとすれば、既にこの時点で二百年あまりの時間が流れている。それに加えて晩期の到来を見て取った思想は、近代の歴史的相対性を指し示すために、ときとして、その克服のモデルとしてさらに古い時代を蘇らせる。ニーチェにとってのギリシア古代もそうだし、なかには中世ゴシック期のギルドに理想的社会的形態を見る社会主義も生まれた。そうした長い時間軸に散乱したかたちで位置づけられる諸文化要素がいわば雑然と入ってきたのが、日本の近代化、とりわけ十九世紀から二十世紀への転換期の出来事だった。

ニーチェに関していえば、ラファエル・フォン・ケーベルが東京帝国大学でこの思想家を紹介したのが一八九九年、井上哲次郎の弟子・高山樗牛《ちょぎゅう》は、一九〇一年つまりニーチェの死の翌年この詩人哲学者の名前を挙げているが（高山　一九七〇、六〇頁）、これなど同時代のヨーロッパを考えても、かなり早い反応だったといってよい[19]。高山自身が読んだニーチェは『反時代的考察』などに限られて、あまり多くなかったように見えるが、彼の友人で独文学者・登張竹風《とばりちくふう》は、もう少しニーチェに通じていて、「美的生活を論ず」で火をつけた高山に代わって、坪内逍遥《しょうよう》・長谷川天渓《てんけい》との間で「ニーチェ論争」を繰り広げている(20)。この論争は、坪内側がニーチェを、社会に不善を垂れ流す「為我一遍主義者」「無道徳主義者」と攻撃し、一方登張が、ニーチェはおろかドイツ語もわからぬ「道学者先生」と坪内たちを難ずるといった構図で行なわれたが、揶揄《やゆ》を含んだなじり合いに見えるその光景は、根の浅い「近代」と「反近代」との同時的侵入がもたらした産物ともいえようか。発端となった高山は、ロマン主義から出発し、日本主義においてキリスト教のみならず仏教も批判してみせたかと思うと、ときを置かず美的個人主義を経て、最後日蓮賛美でその若い人生を閉じるわけだが、その「迷走」ぶりも、同じ混在がもたらしたものと見るならば、扱いの難しいこのジャーナリストにも、接近が可能になるかもしれない。

† 原像の没落

こういった或る種混迷した状況は、二十世紀に入ってもうしばらくすると、いくぶん整理され、同時代的なヨーロッパに共振していく気配を見せるが、そのときには既に日本の社会や文化のそこここにも、黄昏の気配が漂ってくる。そのような状況下近代化は、模倣そのものが醸す胡散臭さだけでなく、模倣された原像がもつ脆さも同時に意識されるという、複雑な色合いを帯びるようになる。この色合いは近代化という強固な模倣の網のほつれとみなすこともできるように私には思われる。なぜならそこで模倣は、最初の出発点からその行為の虚しさを顕わにしているからだ。不たしかな原像は、原像がもつべき崇高さを喪失している。崇高さを失った原像は、もはや原像の名に値しない。むしろそれは、よく見れば、先行したなにものかの面影を宿している。とするると、そこにあるのは、原像なき模倣もしくは模倣の連続である。いやそれは、もはや模倣とも呼べない、徒労にも似た再生産の作業でしかない。

こうした模倣のほつれを自覚して記録した人物の少なくとも一人は、第一章で見た夏目漱石である。複製すべき模範の不在は、そのなかに生きる人間の行き先の不在でもあるが、彼は、ロンドンに既に張り巡らされていた地下鉄網を見ながら「剣呑《けんのん》」という言葉で、そこにどこまで行っても「片付かない」近代人の運命を焼き付けていたからである。

† 模倣の連鎖を超えて

没落しつつある原像の模倣は、そのままでは、真似する価値のない代物をいたずらに真似しているだけのネガティヴなものに留まるであろう。しかしながら、そうしたネガティヴィティーが、なんらかのポジティヴィティーに転ずることがありはしないか。芸術はたしかに古来模倣と離れがたく結びついてきたが、同時にそれを突破する可能性を秘めている。つまり私たちは、先行的な作りものの模倣物に、原像にならかったなにものかが宿ることを、稀に経験する。ヨーロッパの絵画史においても、特定のモチーフを描くとき画家は、範となる先行の作品を模倣するものだし、その連鎖は影響の関係として固定化されていく。けれども、そうした連鎖のなかにありながら、ときとして或る作品が新星のような輝きを帯びることもある。ペーテル・ブリューゲルの風景画は、なるほどヨアヒム・パティニールのそれをなぞっているが、そこには影響関係には還元できない光が宿っている。ゴッホは、ミレーやレンブラント、あるいは浮世絵などを模写しているが、複製という観点でいえばけっして精緻とはいえないそれらに、原像とは別種の存在感を認めることができる。再現の正確さとは無関係に、いやむしろ模倣がなんらかのかたちでふっと崩れたところに現われてくるようにも見える、そのような存在の輝きは、作品と作品とを結ぶ模倣の連鎖の外部への通路を指しているのではなかろうか。その「外部」がどこに位置するのか、はたまたいったいなんなのか——それは大きな謎だ。それは、なるほど作る者が一人の人間として接しうる次元であろうが、「個性」などといった人間的なものではなく、「個性」もそこで生ずる、模倣もその一つである作ることの「根源」的な場所との接触からやってくるのではあるまいか。

いずれにせよ模倣の網のなかにありながらも、模倣再現の精度とは無関係に模倣を超えた存在感に恵まれることがあるとしたならば、崇高さなき「原像」の反復的模倣のなかにも、そのような奇跡のような瞬間が訪れる可能性があるのではないか、いや原像の不たしかさのゆえに、かえって原像の拘束力から解き放たれ、模倣の網の奥底の場所へと向かって開かれることがたやすくなることもあるのではないか。そうした「開け」へと誘われたとき、私たちは別な根源性を付与されて、原像の不正確な再現が醸す一種の劣等感から救済されるのではないだろうか。

高山や志賀と同時代に生きた岡倉の言説は、けっして明瞭なかたちで彼の思想を整理し提示したものとはいえず、模倣に伴う揺らぎを宿している。その揺らぎの一つは、前述のように彼をして芸術の本質を「個性の表現」といわしめた。けれども同じセント・ルイス講演のなかで、彼は「個性」を、単なる「主観的なもの」から区別するとともに、美術史的「分類」もその一つである科学精神には到底届かぬ「語り得ざるもの」への通路をそこに暗示していた（岡倉、二巻、六七頁以下）。「語り得ざるもの」とは、私にいわせれば、理性的人間も含めてあらゆるものを「作りうる」ものへと変えていく技術という巨大な模倣の網が原理的に許さない制作の「外部」を、したがって模倣一般の奥底のかの場所を遠く指している。転換期を駆け抜けたこの美術運動指導者と語り合うことは、本書全体とともに、この通路の開示を目指している。

†「模倣を恐れてはいけない」

模倣を巡る問いは、なおナショナリスティックなアウラを発する岡倉天心とは違う色合いの土地にも、私を誘う。先にヒュウザン会の萬鉄五郎の名前を挙げたが、宮沢賢治の故郷・花巻近郊の土沢に生まれ新聞広告で取り寄せた『水彩画之栞』をきっかけに日本洋画シーンに登場していったこの画家は、《裸体美人》（一九一二年）［図6］のフォーヴィスム、《雲のある自我像》［図7］のドイツ表現主義、《無題》［図8］の非対象絵画、さらに《もたれて立つ人》［図9］のキュビスムと、短期間にヨーロッパの多様な同時代的作風を「模倣」していった。

図6　萬鉄五郎《裸体美人》（1912年，東京国立近代美術館蔵）

彼の制作姿勢は、「無節操」にも見えるが、そうした貪欲な「模倣」が生み出した画面には、いわば下から突き抜けるように、色彩の塊が力強く盛り上がってきて独特なマチエールを現出させている。

図９　萬鉄五郎《もたれて立つ人》(1917年，東京国立近代美術館蔵)

図７　萬鉄五郎《雲のある自我像》(1912－13年，岩手県立美術館蔵)

図８　萬鉄五郎《無題》(1912－13年，岩手県立博物館蔵)

緑と赤に代表されるそれは、よくいわれるように、生まれ故郷・土沢の赤土とそこに萌え上がる植物に由来するのかもしれない（村上 一九九三、参照）。そのような探索を否定するつもりはないが、事柄の本質がそういった言説化によって隠されてしまうかもしれないと私は危惧したりもする。積み重ねられた模倣の内に滲み出てくるのは、個人の来歴などよりも遥かに古いもの、作ることを支えながらも、けっして作ることができない原初的《オリジナル》なものとの出会いではないのか。

関東大震災を終焉の地となった茅ヶ崎で体験した萬は、ユーモアを感じさせるとも評された画面にその印象を定着させていったが、彼は震災後に生じてきた「がさつな人間の巣」に「何としても生きて勇ましい、大きな詩情」を感じる人物であった（萬 一九八五、三一頁）。荷風とはまったく趣はちがうが、「一寸《ちよつと》散歩しなかったうちに新しいやくざな家が出来て居た」ことに新鮮な興味を覚える萬は、「画家は模倣という概念を恐れてはいけない」（萬 一九八五、五八頁）、「模倣の中にのみ自然個性を見る事が出来る」（萬 一九八五、二二二頁）といっている。少なくとも彼は、岡倉やフェノロサが好まなかった文人画へと傾斜したりしながら、死の直前まで「油絵が日本人の仕事の上に本当に根を下し、世界共通する処の技術として抗することの出来ない根拠を据えるであろう事」（萬 一九八五、七四頁）に対して、疑いを抱かなかった。[21] 萬が目指した「根拠」は、土沢を遠く離れても起こりうる、かの「場所」への遡行以外にはあるまいと私は思うのだが、萬の作品群には模倣の網に飛び込み、あるいはそれと戯れ、あるいは抗しつつ、その向こうに息づくものを受けとめようとする逞しさが垣間見える。

第三章

世紀転換期の造形思想

——浅井忠

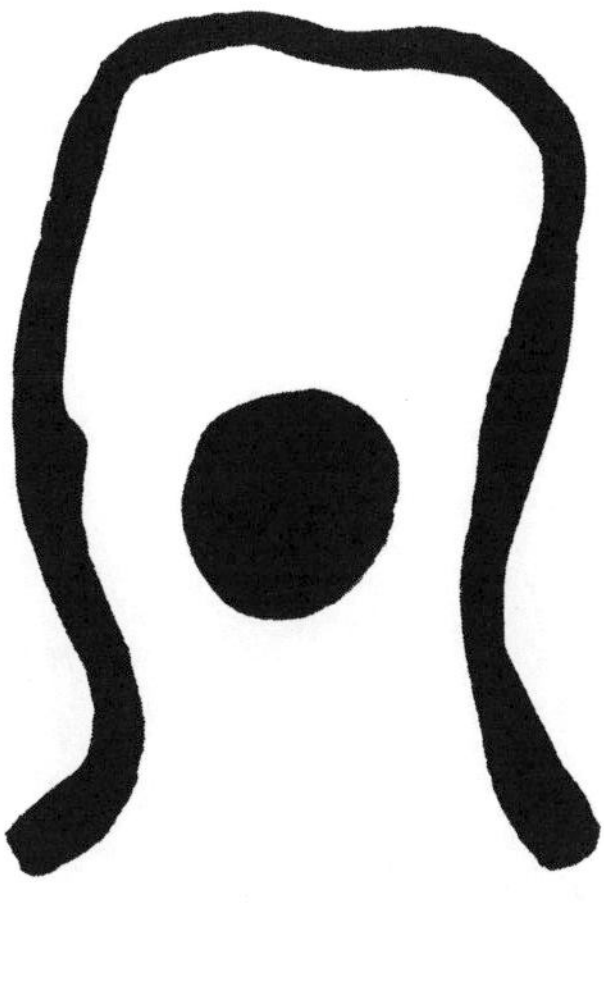

一　浅井忠とその「思想」

†「思想」というもの

造形芸術が人間の営みである限り、思想と関わることは、いうまでもないが、「思想」なるものの意味とその存在形態とは一様ではない。

さしあたり思いつくのは、芸術家が作品に込めた思い、造形行為によって「客体化」された精神、いってみれば造形芸術という営みの主体によって志向された対象としての「思想」であろう。多くの場合、そのような「思想」は、言語でも表わされうるもの、場合によっては言語能力の場面にもっとも明瞭に姿を現わしうるものと解釈されるのであり、それがなんらかの仕方で、たとえば色彩と平面とによって、あるいは物体と空間とをもって、「感性化」されて生み出された作品は、理想国家からの詩人追放の根拠を求めた『国家』編のプラトンに即していえば、理性をもって捉えられるべきものが劣った明瞭性をもって再び現われ出たと規定されるだろう。

もっとも、言語的思考たる理性においては辿りつけない人間の経験を、「感性」が開くこともありえないとはいいがたく、言葉に尽きないものの表現の可能性を造形芸術に認めることも、さほど的外れとは思えないのであり、「感情」や「情緒」という言葉で名指される、そうしたものを、広い意味での「思想」と呼ぶことも許容範囲の内にあろう。だが、いわば言葉の周囲に暈《かさ》のように広がる、そうした「思想」もまた、もしも造形主体がそれを表わそうとするならば、やはりまた志向された対象であることに、変わりなかろう。

　けれども、そのような客観化されうる対象としての「思想」と異なる存在性格をもった「思想」があるのではなかろうか。私がイメージするのは、むしろ主体によって表現対象として意識される以前に、主体の造形行為を包み、これを支え促している空気のようなもの、志向対象としての「思想」が現出してくる場として、もう一つ基底的な層をなす「思想」である。それはひょっとすると、言語化された思想と地続きなのかもしれず、あるいはまた、とくに情緒として取り出されうる「思想」など、その表出であるのやもしれないのだが、そのような表出によって、事柄としてはその存在性格に関して根本的な変質を被っているように思える。

　私としては、釣り上げられて変色する以前の魚の姿を捉えてみたいという思いに駆られるが、もとより思考する言語が、同種の変容を免れるはずもない限り、それはまず実現されがたい夢でしかない。しかし語ることから逃れるものに手を伸ばそうとすることは、不死なる魂が肉体の牢獄に閉じ込められる以前に見たイデア、などのミュトスを語ったプラトンの昔の話だけではなかろう。哲学的語りは、場合によっては「沈黙」という「語りの裏返し」を通してすら、事柄に接近を試みる。ここで私はそうした可能性も含む語りのあり方に賭けつつ、浅井忠《ちゅう》というアーティストを通して、明治末期日本に現われた造形の底でこれを包んでいる「思想」と、その変貌の予兆とでもいうべきものについて、考えてみたいと思う。

†デザイナーとしての浅井忠

　ところで、今浅井をことさら「アーティスト」と、現代風にも聞こえかねない名称によって呼んだのには、それなりの理由がある。いうまでもなく浅井は、明治維新とともに始まる「洋画」の歴史に、第一章で扱った高橋由一《ゆいち》などに次いで登場した本格的な画家の一人であり、一九〇七年のその死に到るまで、大家と呼ぶに相応しい存在として、周囲の尊敬を集めた。しかしながら彼の創作活動は、油彩・水彩に留まらず、書物の挿絵や工芸作品のデザインにまで及んでおり、本章はとくに彼のデザイン活動に一つの軸を置いている。

たしかに彼のデザイン制作は、生前から油彩画もしくは水彩画という主な活動の傍らでなされた余技とみなされていたし、彼自身の理解も、そうした位置づけから大きく外れてはいなかった。しかしながら、一九九八年の回顧展のとき、「近年……いわゆる「図案」と呼ばれる一連の作品群」（山野 一九九八、二二頁。その他、今井 一九二九、木田 二〇〇五も参照）が注目され始めていると述べられたように、デザイナー・浅井忠に関心が寄せられるようになっており、管見の限りでも「浅井忠の図案展」（二〇〇二年、愛媛県立美術館・佐倉市立美術館）、「日本のアール・ヌーヴォー1900－1923」（二〇〇五年、東京国立近代美術館）、「浅井忠と京都1900～1907年」、「浅井忠が選んだフランス陶磁」（ともに二〇一〇年、京都工芸繊維大学美術工芸資料館）と、相次いで関連の展覧会が催されてきた。そういう意味では、浅井のデザイン活動への注目は、既に物珍しいものではなく、ここで改めて論を起こすのは、新しい歴史学的知見の提供を目論んでのことではない。私が浅井のこの「余技」に着目する理由は、そこに見られるパリ留学時のアール・ヌーヴォー体験による触発、また洋画とデザインとの間の往還の軌跡に、洋画制作も含む彼の造形活動を支えていた「思想」が顔を覗かせていると思われるからである。

†東京・パリ・京都

さて洋画を中心として浅井の創作の歩みを振り返ってみたとき、東京、パリ、そして京都という活動拠点に則して分けられる三期の間に、作風の変化が見られることは、誰しも気づくことであろう。

一八七六年、すなわち西南戦争の前年、明治新政府がまだ確固とした地盤を築き得ていなかった頃、国澤新九郎の彰技堂への入塾と、新しく作られた工部美術学校への入学とによって、その開始を記録されている東京時代の浅井の創作履歴は、この学校の教師アントニオ・フォンタネージの影響下で展開されていった。晩年、美術記者・黒田天外によるインタビューのなかで浅井は「元来ヴェニス生れで絵画の力はあったが、不遇にして世に認められず、遂に日本に流れて来た」人物と、このイタリア人画家を短いながら評している。同時に浅井が語っている、フェレッティという名の後任教師に対する「画も拙劣な、極くつまらん人間」(京都日出新聞、一九〇六年九月二日)という酷評、さらにこの教師の更迭をもくろんだ結果退校を余儀なくされ周囲とともに「十一会」という美術グループを立ち上げたという事実を考え合わせると、フォンタネージについての短評からは、その後報われることなく亡くなった師への信頼と哀惜の情が浮かび上がってくるように思われる。その後浅井自身もまた、前章の主役・岡倉天心に主導されて台頭した復古主義がもたらした「洋画冬の時代」を耐え、これを乗り越えるべく明治美術会を立ち上げていくが、《農夫帰路》、《収穫》、あるいは《春畝》【図1】といった一八八〇年代後半の浅井の代表作には、農村を舞台にしたそのモチーフ採択といい、またその色調といい、バルビゾン派の流れを汲んだというフォンタネージの遺響が聞きとれるといってよい。

岡倉が彼のパトロンにして文部省の実力者・九鬼隆一(1)の妻はつとの間の不倫関係を怪文書として流され

た結果、東京美術学校を去った後、浅井は一八九八年同校の教授に招かれる。もっとも岡倉の校長時代に新設された西洋画科の初代教授として既に着任し、世間から新派の首領と目されていた黒田清輝《せいき》と席を並べた時間は、ごく短いままに終わった。というのも、一九〇〇年二月末浅井は、パリ万国博覧会の臨時審査官として、神戸からヨーロッパへと出航するからである。パリを中心としたヨーロッパ滞在が、二年半という短い期間ながら、浅井の画風を大きく変えたのはまちがいない。とくに黒田の弟分といってもよい

図1　浅井忠《春畝》(1888年, 東京国立博物館蔵)

図2　浅井忠《グレーの秋》(1901年, 東京国立博物館蔵)

和田英作とアトリエを構えたグレー・シュル・ロワンを舞台とした風景画は、かつての暗い色調を脱し、黒田が「外光派」として日本にもたらした印象派の流れを、浅井なりの落ち着いた情趣のなかで受けとめたものとなっている。

だが《グレーの秋》[図2]の紅葉の華やかさは、一九〇二年浅井が帰国後、ただちに開学したばかりの高等工芸学校着任のため、京都にやってくると、渋めの色彩のなかに沈んでいくように思われる。京都時代の「作品は油彩画よりも水彩画が多く、色彩は一般的に滞欧期の明快さがなく、筆の切れ味もやや鈍い」（『浅井忠展・没後九〇年記念』一二二頁。島田 一九九八年、一六頁も参照）とは、一九九八年の回顧展のカタログ解説中の評である。(2) 浅井が突然の死を迎える一九〇七年に描いた油彩画《飛騨高山風景》[図3]などは、画面中央を上下に分断している木々や家の黒い影の太い列によって、画面全体に暗く沈殿した空気を漂わせている。

図3　浅井忠《飛騨高山風景》(1907年, 久万美術館蔵)

† 浅井の画風変化

画家が画風を変えること自体、もとより浅井に限られたことではない。ピカソに例を求めるまでもなく、たとえば京都時代の浅井の指導下で出発した頃の梅原龍三郎[図4]に、後の彼独自のスタイル[図5]へとつながる連続線を見出すことはむ

図４　梅原龍三郎《三十三間堂》(1904年, 新潟県立近代美術館蔵)

図５　梅原龍三郎《台湾風景》(1933年, 府中市美術館蔵)

ずかしい。それでも「開花」、もしくは自らのスタイルの模索のストーリーをつけることが可能なように思える梅原の場合の画風変化は、浅井のそれとは、どこかちがっている。

その差異は、前章末尾で挙げた萬《よろず》鉄五郎の軌跡に比較対象を取り替えてみたとき、フォーヴィスム、ドイツ表現主義、カンディンスキー風非対象絵画、そしてキュビスムと、同時代ヨーロッパの多様なモードを貪欲に渉猟し、南画風洋画に到りつくこの大正期の画家との間で、もう少しはっきりと見えてくる気がする。湘南の海浜で息絶えるまで己れの画風の可能性を追求した萬に対して、浅井の画風変化は、趣味的好悪の判断は措くとして、いってみれば出入り口を塞がれた池の表面に起こった波立ちのようにも見える。滞欧期に触れた印象派ないし後期印象派の画風は、たしかに浅井いわく「曇天」から「晴天」に向かうような変化（浅井忠　一九〇〇、三八頁）として、この池の表面を波立たせたのだが、京都にやってきて聖護院《しょうごいん》に居を構えてからの彼の絵画作品は、最晩年の《曼珠沙華《まんじゅしゃげ》》などにその余韻を残しながらも、再び暗い静けさの内に戻っていったように思えるのである。つまり浅井のなかには、池の深い淀みにも似たものがあって、それは近代都市パリの風を受けとめはするものの、本質的には変わらないものとして、彼の創作を包み込んでいたのであり、事態は、フォンタネージを通して吹いてきたバルビゾンの風に関しても、同じだったのではあるまいか。そのような造形の場所が彼のなかにあったとしたならば、それこそ私がここで考えてみたい事柄なのである。

二　デザイナーへのシフト

†　アール・ヌーヴォーとの出会い――一九〇〇年パリ万博

たとえ深い水深を保ったものだとしても、波立ちが起こったことはまちがいない。世紀転換期のヨーロッパ滞在が浅井にもたらした変化は、けっして小さなものではなかった。ことに洋画家・浅井がデザイナーへと舵を切ったのは、ほかならぬパリにおいてだった。

この変化に関しては、二つの要因が挙げられる。まず一つ、先述のように審査官として浅井が派遣された一九〇〇年パリ万博は、周知のように「アール・ヌーヴォーの勝利」を謳った博覧会であったが、この世紀末美術運動は、アーツ・アンド・クラフツ・ムーヴメントやユーゲント・シュティールとともに、美術と工芸の融合への志向を、デザインへの関心として具体化したものだった。アール・ヌーヴォーの代表的なグラフィック・デザイナーであるアルフォンス・ミュシャのポスターを自分のアトリエの壁に貼っていた［図6］浅井は、この万博に足しげく通い、そこに展示された優秀なヨーロッパの工芸品に目を見張る――「陶器、織物、室内装飾に至りては只あっけに取られ申候」（浅井忠 一九〇〇、三八頁）。

浅井は、それらを「ノロリとしたる東洋的曲線の形式に法《のっと》」（浅井忠 一九〇〇、三九頁）ったものと評したが、「線のずるずる延びたるぐりぐり式」（浅井黙語 一九〇〇、二九頁）とは、彼がアール・ヌーヴォーに与

図6　浅井・パリのアトリエ（右手奥の壁にミュシャのポスターが見える）

図7　『ほとゝぎす』第4巻11号表紙（1901年8月）

えた名称であった。彼は、この名称の発生源であるメゾン・ド・ラール・ヌーヴォーを訪れ、店の主人サミュエル・ビングに会い、この「有名の骨董商にして且図案家《かつ》」の鑑識眼に感心するとともに、多くのデザイナーや職人を統括し「金属彫刻、陶器、ガラス、木彫、建築何でも」製造し、「面白く金もうけ」している手腕を羨ましく眺めている（浅井黙語 一九〇〇、二九頁）。

浅井は、アール・ヌーヴォーに対して、ただこれを見ていただけではない。彼は「ノルウェーの敷物」の「鬼や不思議な動物」のデザインに興味を惹かれ、雑誌『ほと、ぎす』の表紙の下絵を自ら作成してもいる［図7］。先に触れた黒田天外のインタビューに対して浅井は、パリに来る「以前は図案について何の考えも持っていなかった」が、一九〇〇年の「巴里大博覧会で、アールヌーボーだの、セセッションだのという斬新な図案が発表」されたのが図案志向の機縁となったと答えている（京都日出新聞、一九〇六年九月九日）。デザイナー浅井は、こうしてアール・ヌーヴォーのパリで生まれた。

京都高等工芸学校からの誘い――中澤岩太

浅井をデザイナーへと動かしたもう一つの動因は、京都高等工芸学校設立準備のためにパリを訪れた中澤岩太との出会いである。

越前松平家の下級武士の子として生まれた中澤は、維新後東京帝国大学で学び、ベルリン留学などを経て同大学の応用化学の教授となるが、一八九七年開設の京都帝国大学・理工科大学の初代学長として京都にやってきて、さらに準備を命じられた京都高等工芸学校のために、一九〇〇年ヨーロッパを訪問する。前年既に彼は、新しい工芸学校における「意匠考案」の専門家の必要性を訴えていたが、その人材を中澤は、パリにおいて浅井に見出したのである。「明治三十三年ノ秋、仏国巴里府ニ於テ、君〔浅井〕ニ会シテ君ガ帰朝ノ暁ニハ我ガ校ニ職ヲ奉セラルル約略ホ《ほ》成立シ」（〔　〕内は引用者補足）た。浅井はすぐさま中澤との約束に応えて動き出す――「其ノ職ハ図案科ノ教官タルニアルヲ以ッテ君ハ爾来《じらい》絵画研究ノ側《かたわ》ラ、博《ひろ》ク美術工芸品ニ留意シ」、絵葉書や陶器で実作を試みるとともに、「図案構成ニ必要ナル図書物品等参考用ノ標本ヲ蒐集シテ、大ニ斯業《しぎょう》ノ研究ヲ積マレタルコトアリタリ」（中澤 一九〇八、一頁以下）。

浅井は一九〇二年帰国するや否や東京を離れ、京都高等工芸学校を中心にデザインの指導に努めることになる。

† 京都の浅井忠

アール・ヌーヴォーに触発され、中澤によって準備された京都における浅井の活動は、五年間という短い期間にもかかわらず、「人が幾十年もかかるところを、僅々《きんきん》五年で成し遂げた」（石井 一九二九、一五三頁）と弟子の石井柏亭《はくてい》が述べたように、多産なものだったといってよい。着任した京都高等工芸学校では、建築家・武田五一らとともに図案科教授として、日本で初めての工芸学校の整備に当たったことは、たとえば彼がフランスから持ち帰ったと思われる教育用資料からも、うかがい知ることができる。同工芸学校の後身である京都工芸繊維大学の美術工芸資料館には、浅井パリ滞在最後の年、一九〇二年に購入されたエミール・ミューラー社ならびにブーランジェ社製のフランス陶磁器が十九点収蔵されており(3)、それらのなかには、浅井自身のデザイン作品との連想を誘うものも少なくない［図8、9］。

浅井は、同校での教育にとどまらず、これを中心とし京都市陶磁器試験場も舞台としつつ、京都の伝統

図8　ブーランジェ社ジョワジール・ル・ロワ窯のアールヌーヴォー風陶磁（魚藻文花瓶）

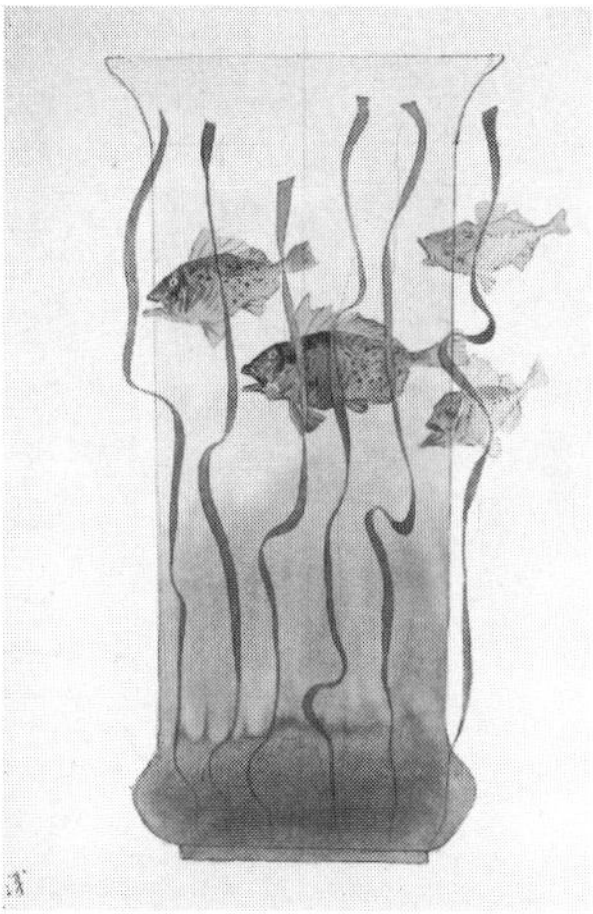

図9　《魚［花瓶図案］》（1902－07年，千葉県立美術館蔵）

産業の一つである陶磁業の実作家たちに図案を提供したが、中澤を園長とした「遊陶園」と呼ばれるそのサークルには、五代清水六兵衛《きよみずろくべえ》、初代宮永東山、七代錦光山宗兵衛《きんこうざんそうべえ》などが属している。無償で行なわれたという図案提供は、陶磁器だけに限られない。まだ若かった杉林古香《ここう》【図10】に彼がデザインを与えて作らせた「革命的な新しい漆器」（石井 一九二九、一四八頁）は、「世に珍重」（黙語会 一九〇九、一六六頁）されたと中澤は振り返っている。杉林は、浅井の指導を受けるべく一九〇六年、向田秋悦らと京漆園を結成するが、彼が浅井の活動圏に入っていくきっかけとなったのは、西川一草亭《いっそうてい》・津田青楓《せいふう》の兄弟とともに創刊した雑誌『小美術』であった（津田 一九〇四、一―四頁）。津田は、夏目漱石の『道草』、『明暗』といった晩年の単行本を装丁したことでも知られているが、帰国後も『ホト、ギス』に表紙デザインや口絵などを提供（石井 一九二九、一四七頁）した浅井は、彼らに先立って漱石『吾輩は猫である』の挿絵も描いており、漱石との津田の関係は、浅井によって準備されたといえよう。

漱石との関連でいえば、一九一五年春、京都滞在中持病の発作に見舞われた小説家の世話をすることになる祇園芸妓・磯田多佳は、浅井の活動の一端を示す存在である。というのも一九〇七年九月、浅井は磯田に「九雲堂」という名の陶磁器の店をもたせたからだ。そこでは浅井デザインの陶磁器が販売されたが、浅井は死の三か月前になってようやく、サミュエル・ビングに対してもった羨ましさを一つの具体的なかたちによって拭ったわけである。

もう一つ、石井によると浅井は、横浜の渡辺和太郎という人物の新居のために室内装飾を担当しているが（石井 一九二九、一四四頁）、「渡辺」とは、漱石とロンドンで交際があり、その後も彼への漱石書簡が残っている渡辺銀行副頭取のことだろう。この仕事は、聖護院の自邸の室内にさまざまな工夫を凝らしていたという記録とともに（石井 一九二九、一五三頁）、浅井が世紀転換期美術運動における生活への美の奪還の理念に通じていたことを示している。

図10　杉林古香《朝顔蒔絵手箱》（1909年，京都工芸繊維大学美術工芸資料館蔵）

こうして京都におけるデザイナー浅井の活動を簡単に振り返ってみたわけだが、この活動に端緒をつけたパリにおける二つの動因については、歴史的にいくらか付言しておきたいことがある。なぜならパリにおけるデザインへの志向の転換は、たしかに明らかなエポックを刻んでいるが、この転換を劇的なものに仕立てることには、若干の留保が必要だからだ。

† デザインへの関心

浅井はもちろん洋画家として名を知られていたが、ヨーロッパ渡航以前、既に多少なりともデザインへの関心をもっていたと思われるふしがある。

先述のパリにおける『ほとゝぎす』表紙デザインが制作されたのは、浅井の日記によると一九〇〇年五月十五日（默語会 一九〇九、三三頁）、パリ到着から一月のことである。浅井が根岸の正岡子規宅で送別会を開いてもらったことが知られているが（高濱 一九〇〇、三五頁）、既に日本を立つ前に彼が、表紙デザインの約束を、子規もしくは高浜虚子《きよし》と交わしていた可能性は低くない。また中澤は、明治三十年頃、つまり東京時代に、浅井が自分の家の陶器や盆膳に草花の類の絵付をしていたと、記録している（中澤 一九〇八、一頁）。さらに石井柏亭の伝えるところによると、「文部省出版の尋常小学読本の挿画」（石井 一九二九、二三頁）や雑誌『新小説』の挿絵を描いたり（石井 一九二九、六八頁）、神田のパノラマ制作に携わったりしたことなど（石井 一九二九、四六頁）、浅井が油彩画もしくは水彩画に自分の仕事を限定していたわけではないことも目につく。

そういった意味で、パリでのアール・ヌーヴォーとの出会いが、「純粋」な洋画家だった彼をデザインへと初めて振り向かせたとはいいがたいところもある。

†「隠居所」としての京都？

さらに浅井自身が、中澤の見ていたような仕方で、勇んで京都にやってきたかどうか、つまりデザイナーへの積極的なシフトを意図していたかどうかも、疑いうることだといわねばならない。というのも浅井自身が、京都への誘いに対する許諾を弟・達三に知らせたパリからの手紙には、次のようなネガティヴなトーンが響いているからである――

殊《こと》に美術家とか文学者とか云うものは噺《はなし》にならぬ腐った社会だから、小生は今ではあきらめて、総《すべ》て消極的でなんにもしないで是から社会を退て遊んで仕舞《しまわ》んとの覚悟である。夫故《それゆえ》京都へ引込んで陶器でもいぢって暫く遊ばんが為《ため》転任の約束をして置た訳である。（石井 一九二九、一〇八頁）

「噺にならぬ腐った社会」といわれた芸術家同士の関係のなかに、新派旧派の対立を外部から煽りたてられた感のある黒田清輝とのことがあったかどうかはわからない。周りが推測するほど悪しき関係だったのではないかもしれないが、浅井の日記に出てくる黒田の影は、たしかに同じく鹿児島出身の黒田の後輩・和田英作に比べると濃くないし、浅井が「自ら東京美術学校の椅子を避け」た「其《その》理由は大抵《たいてい》想像することが出来る」という石井が残した思わせぶりな言葉は、両者の微妙な関係を想像させる。いずれにせよ、「先生はただ東京の学校に居るのがいやだから其他なら何処でも構わぬ中学でもいいなどと曰《い》って居られた」（黙語会 一九〇九、一二三七頁）となると、少なくとも浅井が、デザイン指導に自ら熱意をもって京都に赴いたと語るのに、躊躇を覚えることはたしかである。

† 余技としてのデザイン

それと関連して注意しておくべきことは、京都における浅井の活動がデザインに傾いたからといって、彼が洋画を離れることはなかったという点である。先にも触れたように実際に油彩・水彩を残し、繰り返し写生旅行にもでかけているし、また自宅に聖護院洋画研究所を開く一方、田村宗立や伊藤快彦《よしひこ》らによって導かれてきた関西洋画シーンを関西美術院というかたちに発展させていくのであり（島田 一九九五、および『浅井忠と関西美術院展』参照）、そこから次世代を担う梅原龍三郎、黒田重太郎、安井曾太《そうた》郎《ろう》らが巣立っていったのであって、[4] 図案科の教授だったとしても、浅井は洋画家として己れを理解していた。洋画作品の場合と異なり、浅井は実作家たちが「自から図案を望みたるときは、快く之に応じ、報酬をかへりみることさらになかりし」という中澤の回顧は、そのことを暗示している。[5] デザインが日本画とともに「一つの道楽仕事」（黙語会 一九〇九、一七〇頁）に見えたのは、中澤にとってだけではない。実際にデザインの提供を受けた錦光山宗兵衛も浅井に対する弔辞のなかで、「先生の本領は純美術に在りと雖《いえど》も我が工芸界殊に陶磁器に於て趣味を有せられしこと少からず」（黙語会 一九〇九、二五六頁）と、浅井のなかでの洋画とデザインとの比率を見積もっている。浅井はデザイン教育においても、「先ず画《が》が描けなければ図案など出来るものではない。はじめは皆画を描かせるつもり」（石井 一九二九、一二〇頁）だと述べていたという。京都時代の浅井を見ると、たしかにデザイナーの側面が目立つわけだし、それはそれでまちがっていないが、「純美術」とデザインとの関係は、少なくとも考え直してみる余地がある。

†世紀末の美術工芸

しかしながら、多少の留保をつけながらも浅井を京都の地での図案改革運動へと導いていった二つの動因は、浅井の履歴にとって重要な要素だったし、さらにまた浅井自身が考えていたこと、あるいは感じていたことといった、そもそも復元不可能な、想像の次元の事柄とは別に、考えておくべき事象を含んでいる。それは、浅井が置かれた精神史的位置に関わる。

アール・ヌーヴォーをはじめ世紀転換期の美術工芸運動は、近代化の進行に伴う人間疎外に対して起こった一つのリアクションだといってよい。たとえばいずれの運動も範型として想定している過去の文化もしくは異世界は、アール・ヌーヴォーにとってのロココであれ、アーツ・アンド・クラフツ・ムーヴメントにとってのゴシックやアイルランドであれ、はたまた後期ドイツロマン派からユーゲント・シュティールに継承されたギリシア・ローマ世界であれ、産業化が進行していく同時代の社会の反転図であった。すなわちこうした運動は、反近代的な性格をもった、しかしながらすぐれて近代的な現象だったわけであり、パリで浅井が目撃した博覧会自体、近代化産業化のメッセであると同時に、アール・ヌーヴォーという当の近代に背を向けるモードを同時にもっていたのも、そのことを象徴的に示している。

もう一方中澤との出会いのなかには、ことに日本の近代化における芸術のあり方に関わって見ておくべきところがある。中澤は応用化学を修めたが、彼が東京帝国大学を卒業した後ついたのは、ゴットフリート・ワグナー、いわゆる御雇外国人技師ワグネルであった。一八六八年五月、つまり明治維新の年に日本にやってきたワグネルは、その後佐賀藩に雇われ有田の伝統的窯業《ようぎょう》に化学的知識を導入して、その近代化に貢献する。中澤という化学者が高等工芸学校の新設を命じられたのも同じ流れのなかにあった。既に東京美術学校を追われていた岡倉天心が工芸も含む芸術に期待していたところは、前章で述べたように、当時の日本のまだ若く弱々しい近代産業をサポートして外貨を獲得することにあったが、中澤が目指したのも、産業としての美術工芸の拠点の整備であった。ワグネルとも関係のあった龍池会の領袖・佐野常民《つねたみ》には前章で触れたが、岡倉は、彼とともに、一八八〇年代の復古主義の旗手として、浅井の明治美術会の対極に位置づけられるし、岡倉追放の「爆裂弾」、すなわち例の不倫告発の怪文書を投じたのは、浅井にいわせれば、自分たちだったということになるが（京都日出新聞、一九〇六年九月二日）[6]、浅井を京都へ招聘《しょうへい》し、デザインへと振り向けていく流れは、ポリティカルな対立構図にもかかわらず、産業と芸術との連結という点では、同じ川筋にあったというべきであろう。

この川筋は、明治の日本が殖産興業の名のもとで動いてきた道でもあり、浅井は、同じ流れに沿って歩みながら、近代化の最先端の現象としてのアール・ヌーヴォーに出会ったわけである。しかもこの芸術運動が、一種の反近代的志向をもったものだとすると、浅井がヨーロッパで立ち会った時代は、近代化という流れの曲がり角にさしかかっていたとみなしうるだろう。それは、日本においてもいえることであり、事実一九〇二年から一九〇七年の浅井の京都時代は、日露戦争を挟む時期、すなわち第一章で確認したように、日本が近代化の一定のステージへの到達を具現するとともに個人を基軸とした思潮が現われ始めた時代である。こうした曲がり角において、浅井という人物がとった姿勢を包む空間が、本章で問題にしようとしている「思想」ということになるのである。

三　家長としての浅井忠

† 浅井のアール・ヌーヴォー受容——官能性の脱色

浅井の「思想」を測ろうとして、デザイナーとしての彼に注目したのは、一つにはアール・ヌーヴォーという世紀末芸術を浅井がどのように受容したのか、さらにデザインと絵画との関係を、あるいは絵画という存在を、彼がどうみていたのか、という二つの点を考えることによって、時代の曲がり角における彼の姿勢が浮かびあがってくると思われるからである。

浅井は、先述のようにアール・ヌーヴォーに現地で触れ、それに倣って自らのデザインを創作していった。それらの作品は、なるほど「線のずるずる延びたるぐりぐり式」と彼が評したゆるやかな曲線を多用したものだが、多く植物もしくは動物の形体からとってこられたものである［図11］。なるほどスケッチされた植物をデザイン化するのは、浅井もパリで会ったことがあるとされるデザイナー・ウジェーヌ・グラッセなどを顧慮すれば、アール・ヌーヴォーの一つの特徴だといってよい。けれどもアール・ヌーヴォーの曲線美のもう一つの相関者である女性的な官能美に関しては、浅井の筆が達していないという印象は拭いえない。たしかに女性的形象が浅井デザインのなかに登場しないわけではなく、たとえば大津絵に範を採った陶皿の図案や漆器用の大原女の図柄［図12］などに、その例を見てとることはできるが、それらはアール・ヌーヴォーのみならず世紀末美術一般に数多く現われる色香を放つ女性像とは、大きくかけ離れたものといわざるをえない。それでもいくらか例外を挙げれば、杉林古香のために作られた《美人図》（巻煙草入れ図案）や古香が実際に制作した《髪すき人物巻莨箱》［図13］（『古香作品集』第二集、ただしマルケ 二〇〇二より転載）に、或る程度センシュアルなものを認めうるといえなくもない。けれども数少ないそれらのケースも、様式化によって生々しさは押さえこまれたものとなっているばかりか、クリストフ・マルケによると後者の図柄は、ウィーン・ゼツェシオンのデザイナー、コロマン・モーザーの壁紙図案を彷彿させるという。マルケは、古香の写生帖の調査に基づき、モーザーのデザインの受容を暗に示唆している（マルケ 二〇〇二、一〇頁）。(7)

浅井のデザインにおける官能性の希薄さは、「八橋」というタイトルが付された『新小説』第七年第五巻の表紙［図14］を、同じ一九〇二年に出た文芸雑誌『明星』第二号のそれ［図15］と比較してみると、より判然とする。おそらく同年三月まで滞在していたグレーで浅井が同居の和田英作とともに描いたと思わ

図11　浅井忠《花［織物図案］》(1902－07年, 千葉県立美術館蔵)

図12　浅井忠《大原女［印刷物図案］》(1902－07年, 千葉県立美術館蔵)

図15　藤島武二『明星』第２明星第２号表紙（1902年2月）

図16　一條成美『明星』第８号表紙（1900年11月）

図13　杉林古香《髪すき人物巻莨箱》

図14　浅井忠・和田英作『新小説』第７年第５巻表紙（1902年5月）

れる前者は、鶯《うぐいす》色の菖蒲《しょうぶ》文様の下地に和装の少女の後ろ姿を色紙のように平面化して定着させているが、それに対して藤島武二の手による後者は、うねるような長髪の若い女の伏し目がちの横顔を模様化している。藤島は与謝野晶子《よさのあきこ》『みだれ髪』（一九〇一年）をはじめ『明星』系の書物の装丁も行なっているが、発禁になった一條成美《なるみ》の『明星』一九〇〇年第八号の表紙［図16］をそれに加えてみると、浅井の女性像との差異は、歴然としているといえよう。中澤もまた、『黙語図案集』の序で、次のように述べている――

君ハ艶麗《えんれい》ナル図様ハ長所ニアラサリシカ、未ダ一回モ制作セラレタルヲ聞カズ。（中澤 一九〇八、五頁）

† 運命の女《ファム・ファタール》――漱石の場合

こうした差異は、精神史的になにを意味しているのだろうか。それは、浅井と同時期ヨーロッパに滞在しパリとロンドンというそれぞれの滞在地で一度づつ会いもした夏目漱石と比較することによって、見えてくる。(8) 漱石は、おそらく子規を介して画家と知り合い、帰国後も、先述の『吾輩は猫である』の挿絵に見られるように、浅井との交友を絶やさなかった。交流の印は、そこここに残っている。漱石は浅井の死を悼んで『三四郎』に「深見先生遺画展」のシーンを設けたり（夏目、五巻、五〇三頁）、『それから』に浅井黙語デザインの茶碗を登場させたりした（夏目、六巻、一八九頁）。あるいは『草枕』の主人公の画家を創出したとき、漱石の脳裏に浅井の影がよぎらなかったとは考えがたい。既に述べた津田青楓や磯田多佳との交流も、浅井が没後遺した余韻のなかにある。

そうした漱石自身、ヨーロッパで展開されている世紀転換期美術への関心を浅井と共有していた。彼はロンドンへの途上パリで万博を見た上、留学先ではことにアーツ・アンド・クラフツ・ムーヴメントとメンバー的に重なるラファエロ前派に心を寄せ、帰国後その関心に具体的なかたちを与えていった。たとえば彼は、その代表的画家の一人ジョン・エバレット・ミレーの《オフィリア》を『草枕』の主人公に繰返し思い起こさせ、『虞美人草《ぐびじんそう》』の詩人・小野には同じくダンテ・ゲイブリエル・ロセッティの詩集を読ませている（夏目、四巻、七一頁以下）。さらに『道草』の装丁を津田に頼む以前に漱石は、熊本時代の弟子・橋口貢の弟・五葉こと清に、数多くの自著装丁をさせたが、もともと黒田清輝門下の洋画家だった五葉がデザイナーへと転身するあたりには、漱石によって媒介された同時代のヨーロッパ美術工芸運動の流れが達している。

しかしながら漱石の作品には、文学と絵画というジャンルの相違はあるものの、浅井の場合とちがい、官能的な女性たちが数多く登場してくる。(9) 今挙げた二つの小説でいえば、『草枕』の那古伊《なこい》の温泉宿の娘・志保田那美、『虞美人草』の紫の女・甲野藤尾は、男にとって魅惑的な振る舞いをもって現われ、彼らを誘惑して、ともすると破滅させかねない危うさを宿した女性たちである。漱石は、これら初期の小説群に続き、晩年に到るまで多くの作品に同種の女性的形象、世紀末美術に頻繁に現われる「運命の女《ファム・ファタール》」を描き続けた。漱石のそうした文学的造形が、彼自身の精神史的位置の意識を表わしているというのが、私の考え方である。

官能的女性とは、近代化が進行する社会のなかでの疎外に対する一種の補塡《ほてん》表象であり、世紀末美術が掲げた理想的過去や異郷と同じ位置に立つといってよい。この表象は、産業化のなかで労働力の再生産の基本単位となった家庭のなかから男性たちを誘い出すものであり、女性たちにとっても家庭が要求する拘束からの自由を夢見させるイメージである。しかしながら、近代化産業化が逃れがたい運命である限り、このイメージへと迷い込めば、男女とも破滅へと導かれる。この夢に具象化された「自由」が、近代の基本理念だとすれば、官能的女性の形象は、近代の自己解体の可能性を示唆しているのであり、その限りで漱石作品のなかに登場する「運命の女たち」は、この稀代の語り手の時代感覚、彼もそのなかで生きてきた明治日本のなんらかの根本的変質の予兆を暗示していると思われるのである。ただし漱石の知識人としての卓越性は、精神史の一つの事例であることを突き抜けていると、私は考えている。いってみれば、彼の眼差しは、時代の精神のかたちをもう一つ超えた次元に達しているところがあると思うのだが、その一端を私たちは、最終章で見ることになるはずである。[10]

パリの浅井をデザインへと突き動かした二つの要因を、先に私は明治維新以来の近代化の川筋とその曲がり角を指す道標としてイメージしてみたが、漱石は明らかにこの曲がり角に自覚的に立っていた。翻って浅井に目を移すならば、浅井によるアール・ヌーヴォー受容における官能美の脱色は、そうした自覚の欠如と、とりあえずいうことができる。だがこの欠如を、単にネガティヴな意味でのみ受けとろうとは、私は思わない。むしろ浅井にとって、なお川筋は、まっすぐ伸びていた、もしくはこの川筋のいわば河床は、彼のなかでは崩壊の兆しを見せず、その歩みを確固として支えていたのではなかろうか。浅井は、パリという近代都市で、さまざまな文化現象に出会い、それに目を見張るが、根本的には動揺しないのであり、自ら日本料理を作って友人たちに供し、知人の送別会には、現地の人々の目を意に介することなく自由に振る舞っている。そうした態度は、安いビスケットを昼飯代わりに齧《かじ》りながら霧のロンドンを彷徨《さまよ》い一人下宿で書物を読みふける漱石には見られないものである。こうして浅井を支え、近代化による疎外感から彼を庇護してくれた地盤とは、なんだったのだろうか。

† 浅井、「日本」を恥じる

それを言語化して語ることは、もちろん冒頭でも述べたように変色の可能性を免れないのだが、あえてその危険を冒すつもりで、高橋由一や岡倉天心にも見た「国家」への帰属意識と呼んでおきたいと思う。それは、浅井がパリ万博で吐いた次のよく知られた言葉に、その一端を露出している――

博覧会此頃漸《ようや》く大略整頓、仕候《つかまつりそうろう》。美術館の絵画、仏国十年以来の名作を陳列して大《おおい》に世界に驕《おご》らんとす、諸外国又競争日本の国画及油絵其間《その》にはさまれ実に顔色なし。其前《そのまえ》に立留るもうら恥《はずか》しく候。素より美術館に入りて耻しき候事は予《あらかじ》め期したる事なれど、斯《か》くはかり萎れかえりたる有様を目の前に見るは情けなき次第に有之《これあり》候。（浅井忠 一九〇〇、三八頁）

浅井は工芸品についてもヨーロッパ諸国に日本が遅れを取っていることを認めざるをえず、未整理なためまだ荷ほどきされていない母国からの品物など、「閉場迄《まで》陳列に間に合わざる方仕合せかと存候」（浅井忠 一九〇〇、三九頁）とさえいっている。

ここで浅井は、第一章で触れた大正期の芸術家たち、たとえば個人をベースとして芸術を考え「日本的なもの」という「ローカル・カラー」など「高価な無益な印紙」（高村 一九七〇、二四頁）にすぎないとした高村光太郎とちがい、日本という国家イメージの上に立ってその「情けなさ」を慨嘆している。パリで同宿していた国文学者・池辺義象《よしたか》の伝えるところによると、日本からの象牙細工の工芸品が細部にこだわり、そのデザインが全体のバランスを失しているところに、浅井は西洋の異国趣味への阿《おもね》りすら認め、「国辱」という言葉を投げつけたという――本格的に「欧州の目ある人々を感服せしむるごとき作品を出さざれば、いつまでも下等国民として視られるべし」（黙語会 一九〇九、一八〇頁）。明治日本という国家への帰属意識は、こうして臍《ほぞ》を噛むところに「劣勢を挽回せねばならぬ」という気概となって現われている。

万博で、あるいはビングの店で、日本趣味が流行の一つの構成分となっているのを見て「当地の人に会うて胸がすき申し候」（浅井黙語 一九〇〇、三一頁）と留飲を下げるところにも顔を覗かせるこうした意識は、浅井を京都へ導いた中澤も共有していたものである。一九〇二年九月十日付の京都日出新聞によると、京都高等工芸学校設立を前にして中澤は、「国家的観念ありて始めて大作も出来、美術家は天職を全うすることが出来る」と述べたという。中澤と意気投合していたといわれる浅井を京都へと導き、しかも沈滞する京都の伝統産業の活性化に尽力させたのは、単なる隠居意識だけではなかったのではなかろうか。

浅井は高橋由一よりも三十歳近く若く、むしろ子どもの世代といってよい。実際浅井は由一の言葉を『高橋由一履歴』として残した息子・源吉と親しく、いくつかのコラボレーションを残している[11]し、その結果の一つ『習画帖』は、由一の作った天絵学舎から出されているが（『浅井忠展・没後九〇年記念』、二五六頁）、浅井が次のように述べるとき、その洋画理解には、父の世代の由一のそれと同じ響きが残っている――「元来洋画の特長は、物の性質をよく現わす、空気、包まれたる遠近高低、月色灯影即ち光線、映写、其他森羅万象を複雑に、緻密に、極度まで現わすという方法」であり、そのせいで時事報道に寄与できるものである。

日清戦争に従軍し、戦争報道画を残したこともある浅井は、さらにこういい継いでいる――

殊《こと》に日露戦争から余程《よほど》変って来ました。それは戦争中に戦時画報などが続出し、一時東京で同種類のものが四十余りも出来ましたが、こういう戦争とか時事問題とか、活動したものになると洋画でないといけない。(京都日出新聞、一九〇六年八月十九日)

† 絵画と家屋

大正期に登場してくる画家たちは、たとえば先にも言及した萬鉄五郎が絵画を評して「自己の中心に外界の総てを置く神秘な力の、覚醒を説明する企て」(萬 一九八五、五七頁)と規定したように、個性や人格の神話を信じていたが、少なくとも絵画に情報伝達の手段を見る浅井にとって油彩に代表される絵画は、個性の表現とは異なる性格をもっていた。もちろん浅井も明治美術会の展覧会に出品してはいるが、彼のなかには美術館で展示さるべき作品とは別な作品存在のイメージがあったのではないかと思われる。たとえば彼は黒田天外のインタビューのなかで、上記のように時事報道における洋画の効用を述べた後で、次のように語っている――

然し扁額とか、床の間に飾るとかいう純美術の方になっては、日本の建築が変らぬ以上はどうしてもダメで、現に私の部屋でも洋画ではどうも調和が悪いです。

「日本の簡素なる建築物」に対しては、「軽淡」な日本画の方がぴったりだが、西洋に目を移せば、室内の装飾画や大建築物の壁画、寺院の宗教画など、洋画の活躍の場所はあるわけで、これから洋風建築も増加するだろうから、洋画も追々と盛んになるのではないか（京都日出新聞、一九〇六年八月十九日）。浅井は、扁額や掛軸を「純美術」とみなし、それを家屋と結びつけると同時に、洋画の可能性も同じ結合をベースとして考えている。

かつてマルティン・ハイデガーはピアツェンツァの教会にあった《システィーナの聖母》について、「美術館」という制度のなかで固有の場所から切り離され「芸術作品としてのあり方をすっかり変えて異境をさまよっている」（Heidegger 1983, S.70）と評したが、浅井にとっての「純美術」とは、近代における芸術作品とはその存在形態において異なり、なお場所的被拘束性をもっていたのである。

† 浅井が生きた空間

可動的な作品が、不特定多数の公衆への開示性とともに、それに相関するものとして共同体を超えた普遍的人格としての個性を創作の主体としてもつとしたら、「純美術」を場所的被拘束性とともにイメージしている浅井という創作主体は、建造物と緊密に結びついた共同体のなかに、なお根を下ろしていたといえる。それは、デザイナー浅井が活動していた空間でもある。彼はたしかに近代都市パリでアール・ヌーヴォーに触発されたが、彼自身住んでいたのが「純美術」としての洋画にもなお場所性・生活性を割り当てる世界だったとすると、洋画家浅井忠とデザイナー浅井忠との間の距離は、私たちがイメージするほど遠いものではなかったのではないだろうか。

おそらく浅井が琳派の系譜をもって具体的にイメージしていた、近接する両者を包む空間、とりあえずは「国家」という言葉で名指しておいた共同体意識のなかにあって、浅井はパリでも、また京都でも、デザインと「本業」たる洋画との間を、石井の言葉を借りれば「綽々《しゃくしゃく》として」（石井 一九〇九、一五三頁）、自在に往来していたように私には思える。さらに、場合によって停滞とも映る浅井の画風変化も、この空間のなかでの出来事であり、それは、大正期の画家たちの個性を求めた彷徨とはちがう動性を、この空間から与えられていたのではなかっただろうか。

浅井は事実、「個性」を家共同体からの距離のなかで位置づけていた。たとえば彼は、パリで目にした芸術家や知識人たちの「世間の縄墨《じょうぼく》」、すなわちルールなど「一切無視」した個人主義的な振る舞いについて「磊落《らいらく》で、詩的で、全く世外に超脱」していると述べているが、「支那や日本の古画家の如く、清貧で、超脱で、或は大雅とか、蕪村とかいったような人と同じようである」（京都日出新聞、一九〇九年九月九日）といったふうに、彼らのライフスタイルを共同体からの風雅な逸脱として解していたのであった。

†家と国家

浅井の造形活動を包み込んでいたこうした共同空間は、建造物との連結が示唆しているように、「国家」という名称に漢字として残るもの、近代化とともに消えていく「家」をなお含みもっていたと私は考えている。それは、おそらく維新以前の世界の残響でもある。

かつて「家」は、内的には「家の子郎党」あるいは「食客」と呼ばれる、血統を共有しない者たちをも抱え込み、彼らを含めた成員たちの行動を規制する道徳的小宇宙であり、外的には他の「家」と交わることによってネットワークを形成して、より大きなコスモスたる藩へとつながっていた。もちろん政治制度としての「藩」という体制は、維新とともに崩されていったが、人的空間として「家」は、なお残存し、明治国家を支えた。

浅井より五歳若い森鷗外は、官僚機構のなかで陸軍軍医総監にまで登りつめたが、彼はかの『舞姫』のなかで、「厳しき庭の訓《おしえ》」を背景に明治国家の官僚に育った太田豊太郎がベルリンへの派遣命令を受けとったとき、まだエリスとの恋の運命を知らぬこの主人公に「我名を成さむも、我家を興さんも、今ぞ」（森、一巻、四二六頁）といわしめている。「家」は国家とともにあったのである。

国家経世のための油彩技術習得に情熱を傾けた高橋由一にも、同様の痕跡を認めることができる。高橋の自伝『高橋由一履歴』は、先にも触れたように病床にある彼の言葉を息子・源吉が聞き取ったものがもとになったが、そもそもその叙述の目的は、一族のものに自分の生涯の歴史を伝えるところにあった。高橋は次のようにいったと、源吉は記録している――武芸と絵画のほか、とるに足らない自分が、こうして文字の記録を残すが、それは「我家ノ子孫コレニヨリテ予ガ一生ノ梗概《こうがい》ヲ知ルヲ得ハ足レリ此《この》稿ヲ門外ニ出して我ガ愧《はじ》ヲ重ヌル事勿《なか》レ」（高橋由一 一九七五、二五〇頁）。

彼のいう「我家」は、幕府系佐野藩のミクロ・コスモスとして、戊辰戦争によって困窮状態に陥り、かつての公的関係を奪われてしまった。けれども彼は、変化した権力関係のなかで油絵教育によって「天絵学舎」という新たな「家」を作り上げており、その「家」に属す彼の門人たちの要求に面して、当初公開を拒んでいた病中回想録の閲覧を許可するに到り、それが『高橋由一履歴』として刊行されることになった。由一は、この新しい「家」共同体とともに、明治日本という国家に帰属していたのである。

† 家長としての浅井忠

浅井の場合も、彼の出身母体であった佐倉藩というコスモスは、維新とともに消え去った。だが浅井を必ずしも優遇したとはいえない明治国家は、パリに在ってその劣勢への嘆きを求める思想的神話として彼を支え続け、京都に到っても高等工芸学校や関西美術院の弟子たち、遊陶園や京漆園の作家たち、津田青楓やその兄の花道家・西川一草亭などによって構成された人脈は、彼にとって、同質の共同的生のかたち、いわば一つの「家」をなし、そこで浅井は、家長のような存在だったのではあるまいか。

関西美術院で彼の指導を受け内弟子として「殆んど朝晩欠かさず」「謦咳《けいがい》に」接した黒田重太郎は、次のように回顧している——「我々門下生に取っても、一番皆がこわがったのは先生であった代りに、また一番慕ったのも先生」(黒田 一九四二、二二四頁)であり、たとえ厳しく叱ったとしてもその後は「きつと開けっ放しに笑われるので、反って春風駘蕩《しゆんぷうたいとう》の気がするのかも知れない」(石井 一九二九、一二六頁。石井柏亭の記録による)。

弟子たちに向かって「守る可き限度はちゃんと守り、しかもそれが理屈めかず自然に出て、温かな情味を具えて居」(黒田 一九四二、二二四頁)た浅井に対して、黒田のみならず間部《まべ》時雄も、浅井回想のなかで、貧しい自分たちに絵の具をそっと渡してくれる彼を慕うとともに、自分たちを「こども」のような存在として表象している(間部 一九九一、八三頁)[12]。

浅井は晩婚で三十八歳のとき妻を迎え、子どももなかった。彼の回想のなかに、妻安子は、ほとんど顔を出さないが、パリからの書簡については「故国の妻安子と弟達三とへ宛てた消息を通覧すると彼の性質が蔽《おお》う所なく現われて居て甚《はなはだ》なつかしいものがある。其温情の人であったことは其等の手紙によって疑う余地もない」（石井 一九二九、一〇六頁）という石井の記述がある。ことの真偽は定めがたいが、漱石が、己れの夫婦関係のなかに走る亀裂を眺め、『行人《こうじん》』や『道草』などにこれを鮮明なかたちで描き出したのと比較すると、浅井は、安定した人間関係に支えられて、創作活動を行なった可能性はけっして低くない。黒田は「先生の日常の御生活は、如何にも穏かな、こだわりのない、そして温か味に充ちたもの」（黒田 一九四二、二一三頁）だったといい、間部も「老母堂と奥様とが長火鉢をはさんで対座して居られ」るような「まことに静かな御家庭であった」（間部 一九九一、八三頁）と回想している。

† 「恐れない男」浅井忠

浅井本人は、そのデザインが官能性に乏しかったとしても、女性に対して無関心であったわけではなかった。それどころか渡欧中の日記や証言が示す浅井は、往路船中でさっそく親しくなった二人の芸妓とその後も付き合い彼女たちの姿を写し、酒も飲めないのに酒場に現われて、そこに集う女たちにカフェ・オレ片手にスケッチをしてみせて人気を博している。彼は、グレー村滞在時自らも自転車の練習をするが、そこにボーイフレンドとともに自転車に乗って現われた若い女性と談笑していた様子を和田英作が書き留めている（黙語会 一九〇九、七九頁）。馬車とちがい御者という監視者のない自転車は、当時自由な女性たちのシンボルであり、現実の「運命の女《ファム・ファタール》」であったミュンヘン・シュヴァービングの「異教の聖母」こと、フランチスカ・ツー・レーヴェントローは、二人の同居の男たちとイタリア北中部まで自転車旅行をして

図17　浅井忠《老母像》(1906年, 千葉県立美術館蔵)

いる。一方の漱石が、女性に対して或る種の恐れを抱いていたことは、既に何人もの識者が指摘しているところであり、彼自身、自ら造形した「恐れない女」に対して「恐れる男」たちの一人であって、妙齢の美人にウィンブルドンへの自転車遠乗に誘われながら逃げ回る己れを自嘲的に描いた『自転車日記』は、浅井の『愚劣《グレー》日記』と際立った差異を示しているといってよい。浅井は、誘惑者としての女性が現われても、姿勢を崩すことがないのであり、彼の場合夫人についての言及が少ないことにも、むしろ彼を支えていた生の強固な地盤が透けて見えるように思われるのである。

浅井には、母きりを描いた肖像画が何枚かある。一九〇六年に描かれ第五回関西美術会展に出品されたもの［図17］は、特定されがたいとはいえ、最後の住まいとなった知恩院内の塔頭《たつちゅう》・信重院の八畳の間に父親の肖像とともに掛けられていた可能性があるものである(13)。老いた婦人の落ち着きを表現した晩年のこの秀作は、浅井を包んでいた空気を記録しているように私には思える。

四　黙語以降

† 大衆社会の出現

しかしながら浅井を包んでいた空気は、彼の生前から既に変質し、「家」共同体の要素の剝落の気配を漂わせ始めていた。弟への手紙で浅井は「噺《はなし》にならぬ腐った社会」を、美術家・文学者だけのものではなく、「現今の日本の社会」一般のものと見ていた。

日本人は殊に気が小さく一人えらき者が出ると寄ってタカッテイジメて仕事の出来なくなる様にする。自分よりエラキ人をこしらえるが嫌いな人種だから困る。(石井 一九二九、一〇八頁)

彼が目の当たりにしていたのは、漱石が『吾輩は猫である』で「落雲館中学事件」として戯画化し、あるいは『野分』で人格者・白井道也を排外するものとして描くようになる大衆社会である。

ことによると社会はみんな気狂の寄り合かも知れない。……其中《そのなか》で多少理窟がわかって、分別のある奴は却《かえ》って邪魔になるから、瘋癲院《ふうてんいん》というものを作って、ここへ押し込めて出られない様にするのではないかしらん。すると瘋癲院に幽閉されて居るものは普通の人で、院外にあばれて居るものは却って気狂である。気狂も孤立して居る間はどこ迄《まで》も気狂にされて仕舞《しま》うが、団体となって勢力が出ると、健全の人間になって仕舞うのかも知れない。(夏目、一巻、四〇五頁以下)

† 浅井忠・森鷗外・夏目漱石

漱石が『吾輩は猫である』で当時の社会をこのように風刺した翌年、浅井は世を去った。日露戦争によって画されたこの時代は、「家」と国家の剥離の結果、生の地盤を失った個人が都市に溢れ始める時代である。第一章で言及した漱石の『門』は、まさにこの時代を象徴する作品だ。その証拠に主人公・野中宗助は、過去の不倫がもたらした解きほぐしがたい事情のなかで妻とともに「家」の系譜から切り離され、郊外の借家にひっそりと暮らしつつ都心の事務所に通うサラリーマンであり、本来ならば家長の位置にあるはずながら、転がり込んできた弟・小六をもてあましている。

かつて山崎正和は、この時代を「不機嫌の時代」と呼び、漱石に鷗外、さらに永井荷風や志賀直哉を加え、時代の根本的気分について論じた。山崎によれば、日露戦争の勝利の後国家保存の目的からひとまず解放された明治の知識人層は、「不機嫌」という、志向性をもたず、それゆえ形体化できない鬱屈《うっくつ》した気分のなかに、厭わしくも離れがたい他者との関係を背負いつつ生きざるをえなくなった。この気分の生成は、かつてより大きなコスモスにつながっていた家庭から公的な役割が奪い去られ、山崎が「感情の自然主義」と呼ぶ「愛情」の表明を要求する私的で内密な「世界」、だが「ほんものの愛情」などどこにもなく、したがって自己存在の底なしの暗闇をかえって露呈させてしまう空間が開かれたことでもある。

浅井はさしずめ、この空間と異なり、なお公的な性格によって「底」が塞がれていた旧い世界のなかに、「温乎《おんこ》たる風采、凉乎《りょうこ》なる意気」（黙語会、一七五頁）を示しつつ、いわば朗らかに生きていたのであり、それゆえ彼は、脆くなったこの「底」の下に暗闇を見つけてしまい、これを語らざるをえなかった漱石とは異なる姿勢を保っていたといえる。鷗外もまた、『舞姫』ではなお家の名を興すことに価値を見出す太田豊太郎を描きながら、一九〇九年に書かれた『半日』となると主人公・文科大学教授高山峻蔵博士をして、自分を育て上げた母親に対し「いっそ死んでしまえば好い」（森、四巻、四七五頁）とさえ考えている妻を眺めながら、「孝というような固まった概念のある国に、夫に対して姑の事をあんな風に云って何とも思わぬ女がどうして出来たのか。……おれの妻のような女」も「今の時代の特有の産物かしらん」（森、四巻、四八五頁以下）と呟かせる。漱石と異なり、実際の家庭では、安定性を見せたという鷗外の精神生活に残された「家」の変容の痕跡は、一八五六年生まれの浅井、一八六二年生まれの鷗外、一八六七年生まれの漱石と、時代の変化が漸次進んでいくさまを見せてくれる。

琳派の系譜のなかにあって絵画を建物と結びつけて考えていた浅井は、「今光悦」と呼ばれたが、『門』には主人公の昔の家屋の記憶を沈殿させたものとして光悦の流れを汲む酒井抱一の屏風絵（夏目、六巻、四〇〇頁）が登場する。借家の狭さに似つかわしくないこの屏風は、売却され道具屋を通して、思いがけず宗助の大家の座敷に場を移していくが、漱石自身の居住空間そのものもまた、かつての熊本時代の居宅とちがい、オープンだった縁側に硝子戸が入るなど、公的世界から物理的にも切断されていくのであり、その内側に留まり夢のような過去世界を懐古する『硝子戸《ガラスど》の中《うち》』が書かれ始めるのは、一九一四年の暮れのことであった。

† 虚構と真実——生の神話への問い

このような変化の内に位置づけたからといって、私は、浅井が呼吸していた空気を、「家」の剝離の後新たに発生してくる個人主義の機運と比較して、価値的に低い旧式のライフスタイルとするつもりはないし、さりとて一個の理想像として祭り上げるつもりも、もちろんない。この空気は、人間個性の普遍性への信頼を語る大正の神話と、存在論的には等価だ。序章で図式化したように、昭和期この神話を駆逐することになる、もう一つの国家神話も加え、日本近代の精神史を形作る国家→個人→国家という基本的な語りは、たとえそれらがそれぞれ実効性をもっていたとしても、いずれも作られた神話であり、虚構にすぎない。だが虚構だからといって、ただちにそれらが無意味なものとなるのではないのであって、私自身、こうした虚構を通して、それらを生み出す力、およびそれらが働く場所に向かって問いを立てたいと思ってきたし、ここでの浅井忠読解も私のなかでは、そうした問いに向けた試みの一端を成している。明治国家をフィクショナルなものとして視野の外に置くことは、逆に作られたものという性格を無視して、これを自然に生い育った実体的なものと受け取ることと同様、虚構の根源への問いの歩みを妨げることにほかならない。

浅井の「思想」を虚構と考えた上で、なおそれを生成と活動の場との関係のなかで問うことは、前章最後で示唆した問題、すなわち「虚構と真実」との対立図式を今一度省みることへも向けられている。それは、作ることが自然とどう手を結びうるのかという問いだといってもよい。この問いは、作ることへの問いそれ自体から要請されている。というのも、科学技術の支配が一切のものを作られたもの、すなわち虚構の趣をもったものとして現出させている今日、作られたものと真実性との間の関係は、人間のエートスを考えようとする者にとって、不可避の問いであるように思えるからである。一切の有用化が有用性そのものを空疎化させてしまい目的を与える神話もまた例外ならず道具化されている有用性の蝕の状況のなかで、私たちがなお生の場所を確保することは、いかにして可能なのか——「虚構と真実」の関係への問いは、こういい直すこともできる。

† 明治の国家・昭和の国家

そうした問題の射程のなかで、浅井が呼吸していた空気は、一度は考えてみなければならない問題を指し示しているように私には思える。なぜなら、浅井を包んでいた空気は、昭和期の国家神話、たとえば一九三〇年代後半、《廬山》や《水雷神》で知られる川端龍子など当時の画家たちを戦争の美化へと駆り立てた標語「彩管報国」に含まれた「国家」と照らし合わせてみたとき、後者がそうした標語で絶えず意識化されかき立てられねばならないイメージであったのに対して、前者は作られたものであるにもかかわらず、すなわち人工物でありながら、或る種の「自然性」を帯びているかのようにすら見えるからである。

昭和期「国体」といわれた国家イメージは、けっして安定したものではなく、イメージ自体の再編を巡る相克を含み「自己革新」の運動があったといわれているが(14)、そのことは、自己の根のなさを半ば自覚しつつ、日本の「伝統」を自らの生の地盤として生み出し、そうすることによってデラシネの自覚を覆い隠そうとする主体を相関者として浮かび上がらせるのであり、それ自体虚構的な神話を、「呼び戻す」という仕方で「実体」として過去へと投影し、もってその虚構性を遮蔽するという自己存在の構造から、或る種の人工臭が発生してきているように思われる。このような自己のあり方は、戦後一九七〇年代まで一種のジャルゴンとして通用していく「主体性」の概念が指すところのものに通じていると私は考えているが（伊藤 二〇一四 a 参照）、本書でもこの後、岡本太郎と寺山修司を通して考えていくことになるように、表面的には独立自存の強さを示しながら、その実寄る辺なく浮動する「主体的」自己は、中澤岩太が「昔日の武士と異なることあらざりき」（黙語会 一九〇九、一六九頁）と称した浅井の姿勢とどこか本質的に異なっている。保田與重郎《やすだよじゅうろう》が「子規の文学の根底にあった構想は、一般明治精神がそうであったように、国粋主義という今日の用語と異なった国粋主義である」（保田 一九九九、一一頁）としたとき、彼は、明治国家と自分が生きている時代の国家とのちがいを認めていた。この批評家は、己れの再創造しようとする民族国家を明治国家に擬することによって美化を引き寄せてしまったが、この差異は、いったいどこにあったのだろうか。

虚構の「自然性」への問いは、保田のみならず、戦後知識人の何人かもそうであったように、明治初期の精神のあり方への憧憬がもたらす美化と、際どい線を歩む危険性を帯びる。私としては、そうしたラインを実体化の方面へと踏み外すことなく、あくまで作りものに真実性が宿る可能性を問い進めてみたいと思っているが、ここでは「作られたもの」が纏いうる「自然性」への問いのために、スペースを空けるだけに留め、浅井が呼吸していた空気を、過ぎ去ってしまって取り戻しようのない過去の精神のかたちとして回想するだけをもって、とりあえず本章を閉じたいと思う。

第四章

主体性の神話とその亀裂

——岡本太郎

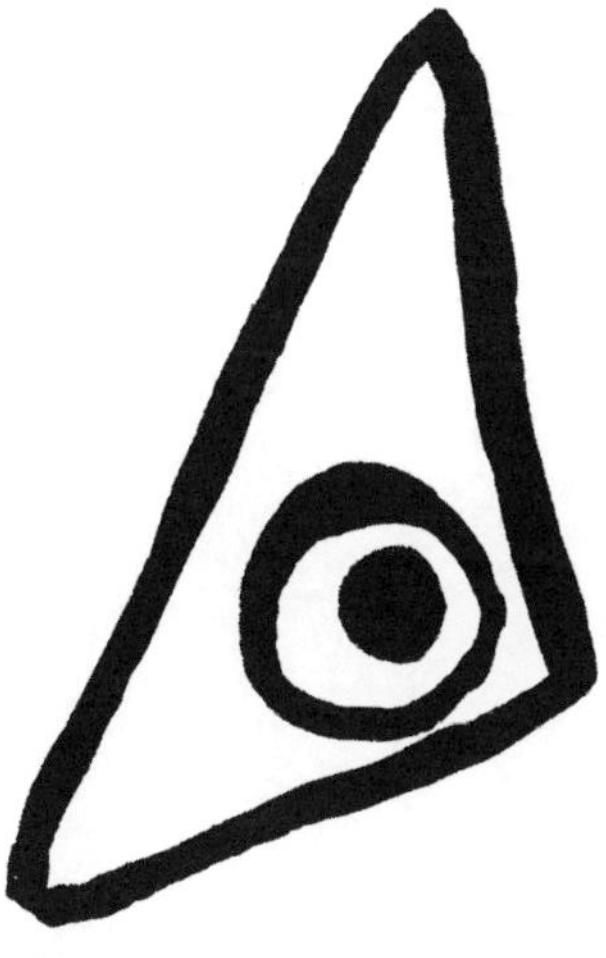

一　「爆発」する芸術家

†「芸術は爆発だ」

一九九六年一月八日、朝日新聞は、茨城県で起こった隕石によると思われる爆音事件と並べて岡本太郎の逝去を報じたが、この紙面に読者の何人かは、「芸術は爆発だ」という決まり文句を連発していた稀代の芸術家に対する揶揄《やゆ》の臭いを感じたかもしれない。晩年の岡本が、頻繁にテレビに出演し、たとえば日立マクセル・ビデオテープのコマーシャル・フィルム【図1】のなかで、あるいは人気番組『今夜は最高』で、この言葉を繰り返し叫んでみせた記憶が私のなかにも残っている。そのような姿に、芸術家のイメージを限りなくお笑いタレントのそれに近づけるものとして、眉を顰《ひそ》めた向きも少なくなかったかもしれない。それでも、そうした顰蹙《ひんしゅく》に関しては、岡本自身が生涯を通して取り続けた戦略の予測可能な結果の一つと位置づけることは、けっして難しくはない。なぜなら岡本といえば、戦後日本において、なお既存の芸術理解に固執する同時代の画家たちを向こうに回し、

芸術はここちよくあってはならない
芸術はいやったらしい
芸術は「きれい」であってはならない
芸術は「うまく」あってはいけない（岡本 一九五四、八七頁以下）

というテーゼによって、芸術の常識、芸術家のイメージを覆そうとして戦った人物だったからである。

けれどもその戦略の基本志向が近代社会における人間疎外に抗する生の豊かさの回復にあったことを思うならば、高度情報化社会のなかに巻き込まれていった彼のパフォーマンスは、情報産業との癒着、もしくは資本主義への屈服の現われとして、もう一つ別な失望感を惹起したとしても、なんら不思議ではない。そうした失望感は、高度経済成長の頂点の象徴でもあった一九七〇年大阪万国博覧会のプロデューサーを岡本が引き受けたときにも、彼に向けられたのであり、椹木野《さわらぎの》衣《い》によると「反逆児をもってみずから認ずる岡本太郎の発言も、それがひとたび体制内に取り込まれてみると、なんともむなしく響くではないか」といったコメントもあったという（椹木 二〇〇三、二一〇頁。岡本太郎記念館編 二〇〇三、四八頁も参照）。

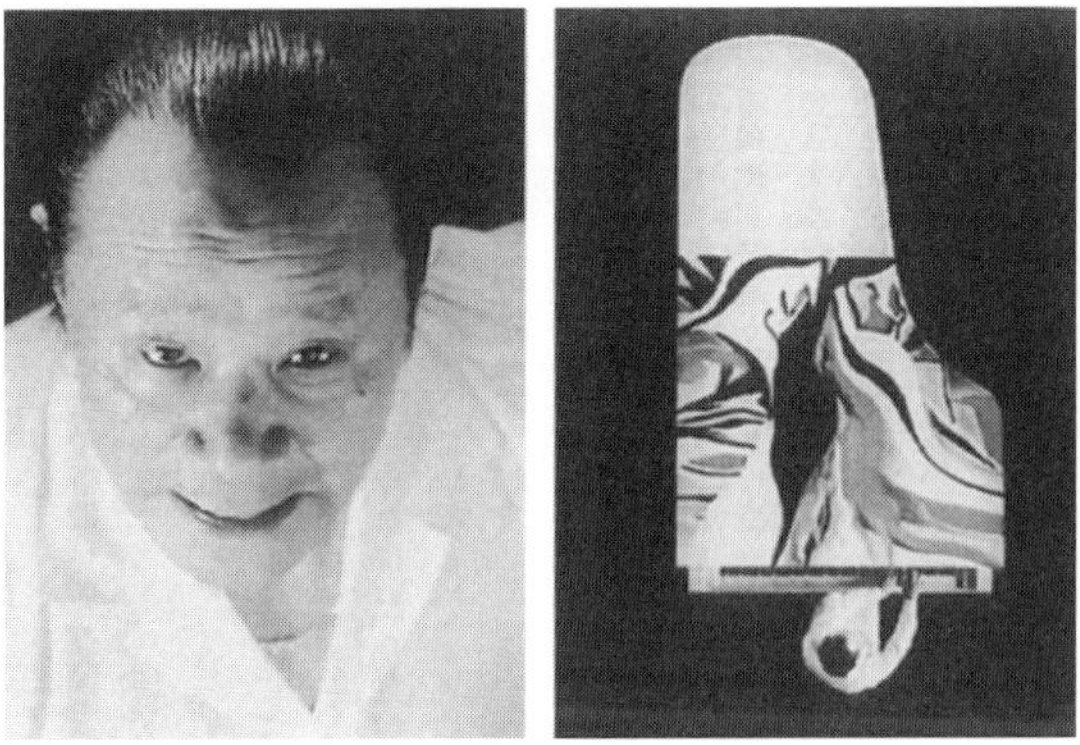

図1　日立マクセル・ビデオテープのテレビCM

　したがって晩年のテレビ出演、あるいは今も大阪千里万博公園に立つ《太陽の塔》を、岡本太郎の戦闘能力の痛ましい低下とみなすことは、まったく理由のないことではないのであり、私自身も或る機会に岡本に触れたとき、コマーシャル・フィルムのなかで彼が一種のカリカチュアとなってしまったという印象を隠さなかったのである（伊藤 二〇〇三、一七頁）。

†《太陽の塔》——新しい呪術

けれども、岡本が書き残したものをいささか読み重ねるならば、たとえば「人類の進歩と調和」というテーマに「抵抗を感じ」ながら万博に関わったという述懐を前にして、一九七〇年以降の彼の歩みを一概に「退化」と決めつけることに、躊躇を覚えることもまた事実である。少なくとも岡本の回顧によれば、彼は高度経済成長がもたらした疎外を突破する祭りへ万博を変貌させるべく、丹下健三指導下で計画されていたお祭り広場の近代的な大屋根を「ベラボーなもの」によって突き破ろうとしていたのであり（岡本 二〇〇〇、二〇八頁以下）、《太陽の塔》とは、いわく、そうした突破を促す「新しい呪文」であった。

あれが作られた頃は高度経済成長の絶頂で、日本中が進歩、GNPに自信満々の時代だった。そこへ万博。恐らく全体が進歩主義、モダニズム一色になることは目に見えていた。そこで私は逆に時空を超えた、絶対感。馬鹿みたいに、ただどかんと突っ立った《太陽の塔》を作ったのだ。現代の惰性への激しい挑みの象徴として。（岡本 一九九八、二四六頁）

たしかに彼は「何の功利的な目的ももっていない」という「無償性」を本質とするという芸術（岡本 一九九八、一二六頁以下）によって、資本主義のメッセたる万博を功利性から切り離し「爆発」させようと考えていたのである。

† テレビ出演の裏側

テレビ出演に関して、岡本の再評価を試みている批評家の一人である山下裕二は、次のような思い出を披露している——番組の司会を務めていたタレントの「タモリが「今夜は最高」って言っていると背景のセットが爆発するといった趣向でしたが、岡本太郎は「こんなの本当の爆発なんかじゃない。自分が言っている『芸術は爆発だ！』はこれとは違うんだ」と、終始真顔でしゃべっていた。タモリも最初は、ふざけていたのにだんだんとおとなしくなって」（岡本太郎記念館、一六頁以下）いった。

想起される光景は、テレビ局プロデューサーの思惑、あるいは視聴者の受け取り方と岡本自身の意図との間のズレの存在を示唆しているように見える。思い起こせば、早くも一九五〇年、岡本は、「私は象徴的に、衆目の前で己れの像を破壊しようとする」（岡本 一九九八年、八三頁）と述べていたが、通俗的な芸術概念の拒絶だけに踏みとどまらず、「己れ自身」を破壊の標的に掲げたこの態度は、「もっとも怖ろしいもの」たる自己をも破壊した後に残る無のなかに、逆説的に「私のレアリテ」を求めようとする意思の表出であった。

こうした過去を重ね合わせてみると、岡本のテレビ出演もまた、意図の達成の成否は措くとして、自己の「レアリテ」を求めた戦いの一つであった可能性を、排除できないのではなかろうか。いずれにせよ大戦を挟む半世紀以上の期間にわたって、絶えず芸術のあり方を問い直すことによって、忘れがたい記憶を残した岡本が、まずは戦闘を開始した頃の回顧から、考察を始めたいと思う。

二　戦後精神史のなかの岡本太郎と対極主義

† 伝統画壇への攻撃

岡本は、青山にあった自宅も焼けて一面の麦畑に変わってしまった戦後の東京に立ち、画家として再稼働し始めた。その頃のことを彼は、次のように振り返っている。

私は展覧会などを見て呆れていた。会場に入って行くと、全作品が暗灰色だ。いわゆる〃わび・さび・しぶみ〃。徳川後期辺りからのゆがんだ筋をただなぞっているよう。多数の作家のが並んでいるのに、全部同じに見える。それぞれの個性がないのだ。洋画のスタイルは一九二〇年代、後期印象派でストップ。何十年もズレている。日本画の方はより単調な手先だけの表現だ。

社会全体の基準が敗戦によってひっくりかえされたはずだ。にもかかわらず美術界は昔のままにとざされている。……

私はこの状況を見据えて闘いを開始した。（岡本 一九九八、二四二頁）

この時期の岡本は周囲の反感をものともせず、いやむしろ意図的に反感を買おうとするかのように、旧態依然とした画壇を「小ずるく弱気な芸術家たち」（岡本 一九九八、四三頁以下）の集まりと規定して、常識的な「理解を超える色、線、形」を駆使した《森の掟》や《重工業》などの作品をぶつける一方、先に引いた「芸術はいやったらしい」、あるいは「セザンヌはへぼ」[1]だといった挑発的な言葉からなる文筆活動を、盛んに行ない始めた。

画壇への対抗は、当然のことながら別な芸術観を要求する。一九四九年『改造』に発表された「芸術観——アヴァンギャルド宣言」で岡本は、伝統的画壇が見せる「処世的な小細工、人情的な妥協」を「現実回避」の「偽善」と切り捨て、そもそも「分別」とは無縁であるゆえ現実と非融和的な芸術に対し、あえてこの矛盾に身をさらし、これに傷つけられることによって、生の苦悩を主体的に新しい美として造形するよう呼びかけた。いわく「矛盾によって現実を主体的に把握する積極的なダイナミズムこそ、芸術を真に生産的たらしめる」（岡本 一九九八、四四頁以下）。現実に立ち向かう主体的な意思——ここには、芸術に限らず戦後日本の精神の歩みに共通するトーンが響いている。

† 主体性——戦後日本の肖像

『〈民主〉と〈愛国〉——戦後日本のナショナリズムと公共性』の小熊英二は、タイトル通り「民主」と「愛国」とをキーワードにして、戦後精神史に広範な見取り図を与えたが、それらと並ぶもう一つの軸が、「主体性」の概念であった（小熊 二〇〇二、二〇九頁参照）。彼がもっとも重要視している人物の一人は丸山真男だが、戦後「日本社会のあり方を根底的に問い直そうとした丸山の論文「超国家主義の論理と心理」の狙いの一つは「「個人」の「主体性」の確立」であった（小熊 二〇〇二、八七頁）。事実この論文によれば、超国家主義の権威の中心であった天皇から末端の臣民に到るまで、「主体的自由」、または「主体的責任意識」は成立することなく、その不在が日本を壊滅的敗戦に導き、中国やフィリピンにおける「日本軍の暴虐な振る舞い」（丸山 一九九五、三三頁）をもたらした。丸山はこの不在を追及し「正しい国民主義」を求めるべく、「上からの国家主義」に吸収される以前の明治初期の思想家たちに範を求めていく。

丸山とともに、著作全体にわたってその名前を呼び起される、もう一人の戦後インテリゲンチャは、竹内好《よしみ》だが、丸山と親交をもち丸山をして「二人は実は同じメダルを両側から攻めていたのだと思う」といわしめた（小熊 二〇〇二、四三三頁）竹内もまた、官僚制を批判し「主体性」の確立を求めた。とりわけ「自己否定と自己革新こそが、固有の文化を生み出す原動力」、あるいは「自己とは、固定された完成品ではなく、自己否定と自己革新による「運動」」だとし、「自己の内部の暗黒を直視することで、自己革新の契機」（小熊 二〇〇二、四二二頁以下）をつかもうとした竹内の姿勢は、これから見ていく岡本の基本姿勢と類似しているといってよい。

他にも小熊は、荒正人《あらまさひと》らに導かれた雑誌『近代文学』が日本共産党と対立しつつ、戦前克服を目指していた近代の見直しによって「主体性」の確立を目指したことに触れているが、一九四七年七月に同人の拡大とともに『近代文学』に加わってきたなかには、翌年岡本とともに「夜の会」を結成することになる花田清輝《きよてる》、野間宏の名前を見出すこともできる（小熊 二〇〇二、二三四頁）。小熊自身は岡本太郎に言及していないが、この戦う芸術家は、主体性の確立を目指した一群の知識人に属していたとみなすべきであろう。

† 兵隊・太郎

ところで一九三六年、学生として書いた論文「政治学に於ける国家の概念」での近代批判から出発した丸山真男が、こうした主体性確立の流れに参与していくことについては、学徒出陣から広島での被爆に到る戦争体験が重要な役割を演じており、一九一四年生まれの丸山にとって、東京帝国大学・助教授の地位から二等兵として朝鮮へと送られることがなかったならば、論文「超国家主義の論理と心理」における「抑圧の移譲による精神的均衡」（丸山 一九九五、三三頁）の告発は、容易ではなかったかもしれない。竹内も、一九四三年に三十三歳の老兵として中国戦線に送られ、一年の捕虜生活を経て、一九四六年六月に復員している（小熊 二〇〇二、四一五頁以下）。岡本もやはり、同様の戦争体験をもっており、偶然ながら竹内とまったく同じときに復員を果たしていた。だが、彼の主体性志向は、丸山らと共振しながらも、少なからざる差異を示しているように思われる。

岡本がマジノ線を突破してパリに迫るドイツ軍の軍靴の響きに、いったんは骨を埋める覚悟を決めたフランスに別れを告げ、日本に戻ってきたのは一九四〇年、二科展や個展で滞欧作品を発表したのもつかのま、一九四二年一月には召集され、竹内と同じく捕虜となった期間も含め、いわく「冷凍されていたような」五年間を中国大陸で過ごしている。一九四六年六月の復員までのこの「冷凍期間」はけっして短くないが、岡本は戦争体験についてあまり多くを語ってはいない。それでも一九七六年、読売新聞に連載した自伝（岡本 一九九八、二三四頁以下）によると、岡本は帰国後、シュルレアリスト瀧口修造が逮捕されるなか、三十歳過ぎで徴兵検査に甲種合格、中国奥地漢口から西に数十キロ離れた応城というところに送られ、「ビンタを毎日くらわされる初年兵教育」を経験したという。若くしてパリに渡った彼は、入学したばかりの東京美術学校を退学しているので、一九四三年十月から始まる学徒出陣には当たらないが、「下士官や古兵たち」が「上官から受けた抑圧の鬱情を、新入りの学徒兵たちをリンチにかけることで爆発させた」（小熊 二〇〇二、五〇頁）という状況のなかに、彼もまた放り込まれたのである。だがそうした状況下で「自由主義者」のレッテルを貼られた岡本は、暴力がもっとも強烈になるとされる四番目の被リンチ者のポジションに意図的に立って、軍隊という「非人間的システムと闘いつづけた」と回顧する。後の「戦う芸術家」を彷彿させる「四番目主義」と自ら名づける岡本の姿勢に、時間経過に伴う脚色の可能性がまったくないとはいえまいが、岡本自身によれば、埼玉県知事となった畑和《やわら》が岡本の軍人らしくないところは現在と変わらないといっていたようだし、また大岡信によると、「岡本太郎は兵隊時代も、今と同じようだった」というテレビへの投書があったそうであり（岡本太郎記念館編 二〇〇三、二一二頁）、少なくとも彼が「兵隊として変わっていた」可能性は高い。岡本の回想は、彼のフランス経験に関心をもち、そこからヨーロッパの情報を得ようとしたインテリ将校たちを前にして、日本の劣勢をはばかることなく公言したが、信じてもらえなかったこと、岡本のこの言説がまったくの虚偽だと受け取られたため、かえって銃殺を免れたようだといったことを伝えているが、そのことは彼が「抑圧の移譲」を生み出す精神的システムに少なくとも全面的に飲み込まれていなかったこと、いいかえれば或る種の「主体的自由」を、既にもちあわせていたことを示しているように思われる。

そうした「自由」のゆえか、丸山と同じ状況に放り込まれたにしても岡本には、丸山など戦場に送られたインテリたちに見られる「大衆性への本能的嫌悪」（小熊 二〇〇二、五二頁以下）は希薄だった。小熊によれば、貧困に基づく知的格差が歴然としているなかで生じた軍隊という階級の坩堝《るつぼ》は、エリート学生たちを劣位に立たせたのであり、「下層出身の下士官や古兵たち」のリンチもそのなかで発生し、それが学徒兵に宿る大衆への嫌悪の温床となった。この嫌悪は、丸山の場合、総力戦体制の無責任性の淵源の一つを政治的に無関心な大衆に認めるといった論調や「戦争に動員される大衆」への同情の希薄さに反映している――そう、小熊はみなしている（小熊 二〇〇二、九六頁参照）。

岡本も、アメリカ軍機に撃墜されたのが明らかに日の丸をつけた飛行機であるのに、「やられた以上アメリカだという、想像も出来ない心情」に駆られて墜落場所へと略奪に出かける兵隊たち、そして落ちたのが日本の飛行機だとわかり、あらかじめそれを指摘していた自分に対して憎しみの眼差しを向ける彼らに、「言いようのない断絶感」を覚える。だが、彼はこういい加えている――

ふだんだったらめぐりあうことのないピープルと、生死をともにしている。この中でぶつかりあい、通じあい、それによって一つの日本の根っこをつかむことが出来るのではないか。（岡本 一九九八、二四一頁）

後述のように、戦後岡本の主体性が志向したのは、丸山の場合のように責任ある近代的な個人ではなかったし、彼がその基盤として向かい合ったのは、むしろ大衆の雑然とした生活の現実であり、従来顧みられなかった東北や沖縄の文化の底層に残っている「日本」の姿であった。彼がそこで発見していくことになる「日本の根っこ」は、丸山が「健康な進歩的精神」を求めて探究した福沢諭吉や陸羯南《くがかつなん》などの精神とまったくイメージを異にする点には、注意しておく必要がある。

† 対極主義の原点パリ

岡本の主体性に基づく戦闘は、かくして戦後に到る精神史の基本思潮のなかに位置づけられながら、いくらかの差異を示しているわけだが、さらに彼の基本姿勢となる「対極主義」も含めてその由来を尋ねようと思うならば、やはり彼の特異なパリ時代に遡らねばなるまい。先に引いた一九四九年の「アヴァンギャルド宣言」で岡本は、この概念を次のように定義している。

これからのアヴァンギャルド芸術の精神には、非合理的なロマンティシズムと、徹底した合理的な構想が、激しい対立のまま同在すべきである。この異質の混合や融和を私は考えない。二つの極を引き裂いたまま把握する。……それはこれからの芸術のたくましいメトードだと思う。既往のアヴァンギャルドと区別するため、便宜上私はこれを「対極主義」と名づける。（岡本 一九九八、五〇頁）

引用中の「非合理的なロマンティシズム」と「徹底した合理的な構想」という二つの要素には、彼が本格的な芸術活動を開始したパリにおいて参加した歴史的な芸術運動が対応している。

† 抽象主義とシュルレアリスムとの間

一九二九年年末、両親の岡本一平・かの子夫妻とともに日本を後にした十八歳の岡本太郎は、年明けてパリに到着する。ただちに軍縮会議取材のためにロンドンへ向かった父母と別れて、岡本は一人、日本からの多くの留学生たちが流行の型を追い帰国後の「出世」のための「資本」として「滞欧作品」を画き貯めるのに背を向け、己れ自身の芸術のあり方を求めるなか、ピカソに出会う。岡本が生涯おそらくもっとも尊敬したこの二十世紀の怪物は、インターナショナルな美術言語をもった抽象表現の道へと岡本を解き放ったのであり、彼はピエト・モンドリアン、ワシリー・カンディンスキー、ロベールおよびソニア・ドローネーら当時抽象主義の最前線に立つ画家たちを中心にして結成されたグループであるアブストラクシオン・クレアシオンに、もっとも若いメンバーとして加えられることになる。右の引用文の「徹底した合理的な構想」とは、この協会の基本志向を指す。

だが岡本は、アブストラクシオン・クレアシオンへの最初の出品作《空間》［図2］が協会展のなかで示した異質さを認め、「他の抽象作家たちがどちらかというと冷たく、いわば合理的なメカニカルな構成であるのに、私のは無条件に宙に舞い流れている表情だ」（岡本 二〇〇〇、一六五頁）と語っている。つまり彼は当初から、この協会の志向に飽き足らなさを感じていたのであり、後になると「一貫してアンチ抽象」（岡本 一九九八、一三三頁）だとさえ振り返る彼の基本姿勢は、合理的抽象志向のもっとも典型的な担い手たるモンドリアンに対する「冷たいし、エゴイスティックな感じがする」という批評となって現われる。協会とて、もちろん一枚岩ではなく、モンドリアンの直線的構成に対して、円形を基軸とするダイナミックな画面に向かおうとしていたソニア・ドローネーなどは、このモンドリアン評にいたく感心したと、岡本は回顧している（岡本 一九九八、一九七頁）。

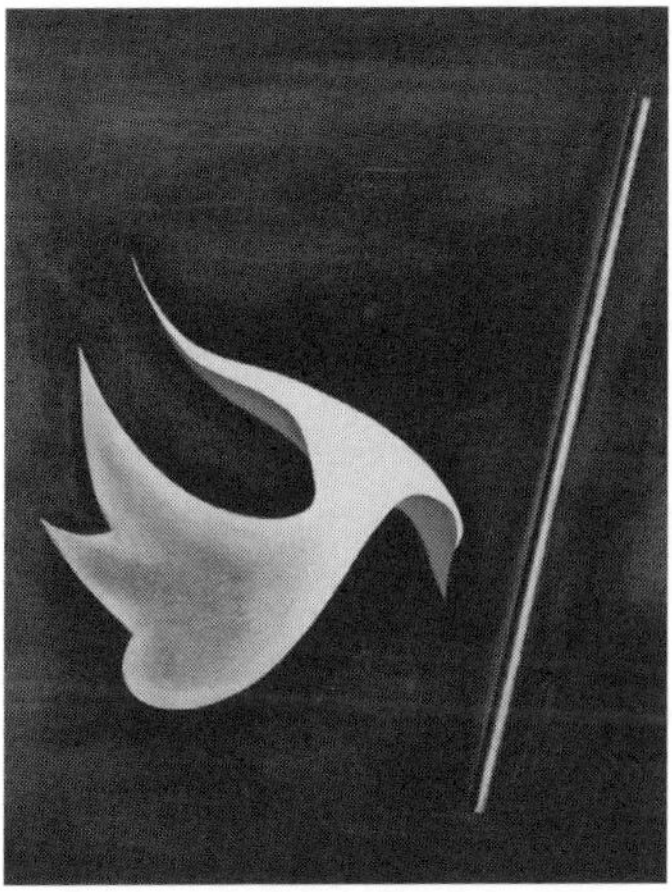
図2　岡本太郎《空間》(1934年, 1954年再制作, 川崎市岡本太郎美術館蔵)

けれどもそのソニアの抽象表現理解すら超えた世界へと岡本は踏み出す。当時抽象派と敵対関係にあったマッ

図3　岡本太郎《痛ましき腕》(1936年, 1949年再制作, 川崎市岡本太郎美術館蔵)

クス・エルンスト、アルベルト・ジャコメッテイらシュルレアリストたちと岡本は既に親しく付き合うようになっていたが(2)、通常の現実を超えた別なリアリティーへと向かおうとしたこの運動が、岡本の「非合理的なロマンティシズム」へのパリ時代の対応物となる。岡本は一九三六年アブストラクシオン・クレアシオンを脱会すると、アンドレ・ブルトンの推薦で翌年十月サロン・ド・シュル・アンデパンダン展に《痛ましき腕》[図3]を出品する(岡本 一九九八、二二二頁)。彼によると、この作品を見たソニアは、「なぜ、あなたは、こんな具象的なものを!」(岡本 二〇〇〇、三一三頁)と彼をなじったという。もっとも岡本は、シュルレアリスムの「非合理的なロマンティシズム」の具象性に完全に身を委ねたわけではない。この作品は、「具象と非具象とのからみあい」からなっており、彼はこれによって「人間存在全体のコントンとした情感をぶつけ」ようとしたのであり、それは「二つの極」を「激しい対立のまま同在」させ「引き裂いたまま把握する」という、まさに対極主義の表現であり具体的な実践だったわけである。

† 綜合のない弁証法

のみならず対極主義は、こうした一九三〇年代パリの美術状況と同時に、そこで岡本が吸収した思想の反映でもある。岡本はこの地で抽象絵画から歩み始めた制作への不満から、いったんは絵筆を置いて、ソルボンヌで哲学、さらに文化人類学を学ぶ。なかでもアレクサンドル・コジェーヴのもとで読んだヘーゲル『精神現象学』は、対立する二つのものの関係のなかに立つ対極主義に基本的な枠組みを与えた。

［自分が対極主義の］芽を自覚したのは、パリ時代。ソルボンヌのオートゼチュード（特別学科）で週に一回、哲学関係の教授や専門家たちが数名集まるヘーゲルの「精神現象学」の講義に参加した時だった。（岡本 一九九八、一二三五頁。［ ］内は引用者補足）

けれども岡本は、「弁証法論理に触れて、情感的なショックを覚えた」といいながら、弁証法を決定的に変更させたかたちで受け取る。すなわち彼は「弁証法の結末となるジンテーゼ（合）の哲学概念」を拒む。ヘーゲルが思い描いたような究極の完成などない。

私自身の生命的実感として、いまなまなましく引き裂かれながら生きている。「正」の内にまた相対立する「反」が共存しており、激しく相克する。「反」の内にまた闘争する「正」がゆるぎなくある。その矛盾した両極が互いに激烈に挑みあい、反撥する。（岡本 一九九八、一二三五頁）

ファシズムやスターリニズムに抗して集まった知識人集団コントル・アタックで知り合って以来親交を結んだジョルジュ・バタイユの弁証法受容も、論理的な総合を拒絶し、神秘的な飛躍へと向かうものであっ

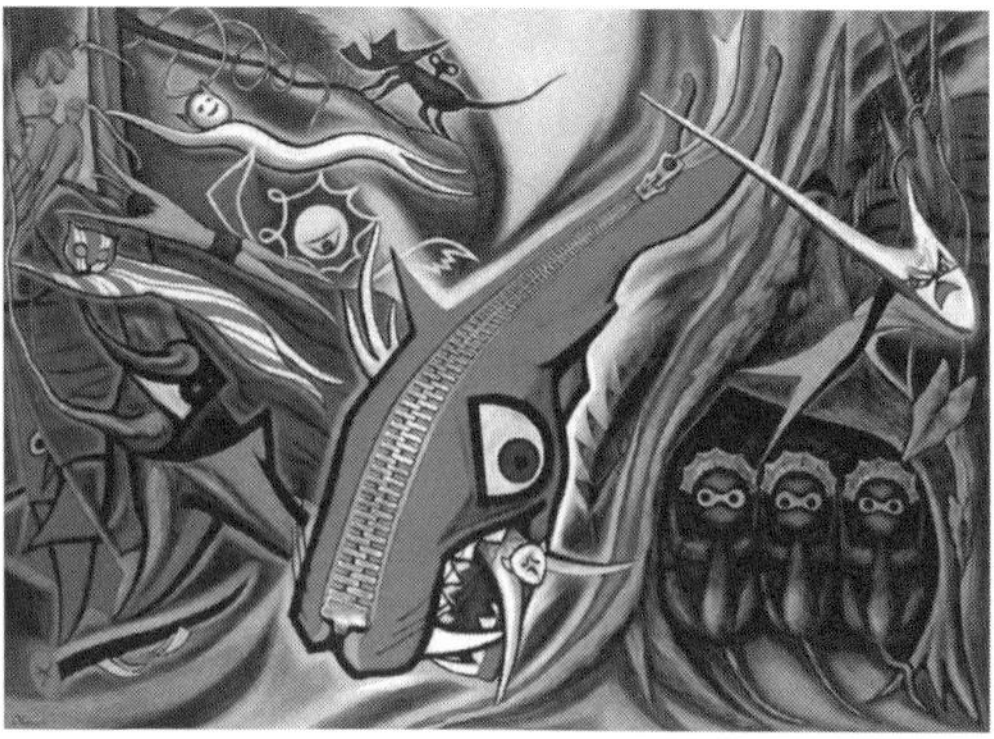

図4　岡本太郎《森の掟》(1950年, 川崎市岡本太郎美術館蔵)

たが、総合のない弁証法の受容が、対極主義の素地となった。(3)

こうしてパリ時代に既に芽吹いた対極主義は、その後抽象と具体といった対立に限らず、岡本の生のさまざまな局面において現われ、彼をその都度異なった対立極の間に引き裂くことになる。たとえば矛盾は、一九五〇年の《森の掟》[図4]において、いわく社会的ファクターと無意味との対立を生み出し（岡本 一九九八、六八頁以下）、一九五八年にはモダニズム建築の合理性に対して「精神生活の複雑なカオス」（岡本 一九九八、九二頁）、「もっと熱っぽい、人間的なもの、非合理的な神秘性、戦慄的な情感をぶつける」（岡本 一九九八、九七頁）べきだといった言説となって現われ、さらにモダニズムに呪術をもって立ち向かう《太陽の塔》建設へとつながっていった。あるいは彼が一九五〇年代半ば日本庭園へと目を向けたときも、この発想は、銀閣寺の銀沙灘《ぎんしゃだん》と向月台《こうげつだい》における「不協和音であると同時に、周囲との狂いない対応、緊張関係」の「発見」、遠景の自然を取り入れるため土塀などの「散文的実用的」な人工物を設定する借景式庭園の解釈の図式として、彼の発想のなかで機能していく（岡本 一九五六、一四四頁以下）。だが、対極主義のさまざまなヴァージョンを詳細に追跡し、そこに見られる緊張が抱える思想的可能性を取りだすことは、本書の思考の課題ではない。そのような追求が興味深い視角を造形に関わる思想に対して開くことはありうるとしても、ここで考えておこうと思うのは、対極主義という思想の基本構造、とくに過去あるいは伝統との関係についてである。

三　対極主義の構造と伝統

†『白樺』派との差異

過去への批判によって現在を生き、将来を見据えることは、いってみれば人間的生の基本であって、既存の画壇を断罪した岡本の対極主義に限られたことではない。岸田劉生《りゅうせい》との関連で第一章で触れた『白樺』派は、明治維新を推進した父親世代への抵抗を原動力とし、家共同体およびそれをベースに形作られた国家に依拠せず、直接人類に寄与するような個人主義的自己を、芸術創作のベースとした。「自分自身に充実」し「自分自身の生き方、その力をつか」み、「自分が創り」だし「自分自身を創ること」に「芸術の意味がある」という岡本は（岡本　一九九九d、二〇頁以下）、一見のところ『白樺』派に類似しており、実際、美術評論家・北澤憲昭は、やはり芸術を「やみがたき個性の爆裂」（山脇　一九一一、九三頁）と規定した『白樺』派の画家・山脇信徳《しんとく》に準《なぞら》えて、岡本を「過激な白樺派モダニスト」（岡本・齋藤編　一九九九、一四一頁）と命名することによって、彼の逝去を見送った。

だが山脇の盟友・武者小路実篤《むしゃのこうじさねあつ》や柳宗悦《やなぎむねよし》、あるいは志賀直哉といった『白樺』派[4]が、若き劉生も含めて、伝統に抗して個性の表現に向かう己れの芸術を、超越的な「自然」あるいは「天命」をもちだすことによって正当化したのに対して、岡本は、そのような普遍的存在の援用を、不潔な「偽善、欺瞞《ぎまん》」（岡本　一九九八、二三〇頁）として切り捨てる。対極主義は、矛盾の止揚を拒む弁証法である。より高い「ジンテーゼ」を拒絶する限り、過去に抵抗する現在の正当化の拠点を、目的として将来に設定することは許されないし、そのような設定を可能にする普遍者・超越者も認められない[5]。

† 否定のなかに立ち上がる精神

したがって対極主義を担う生は、支えなき自己、虚無と向かい合う人間存在にほかならない[6]。この生は、過去をいまわしいものとし、そこから己れを切断するだけでなく、将来に対しても完成や救済の可能性の期待を断念しつつ生きていく。岡本は、過去に拘束された己れを拒絶することが「高次の自己」の創造を可能にするという発展イメージから離れようとする――

私は……決してそんな図式を信じない。この営みはまったく絶望的なのだ。
そして盲目的だ。（岡本 一九九八、八三頁）

したがって過去と将来に対して二つの切断面を入れられたこの生は、矛盾としての現在に留まる。いわく「対極は、瞬間」（岡本 一九九八、一三五頁）である。

目の前にはいつも、なんにもない。ただ前に向かって心身をぶつけて挑む。瞬間、瞬間があるだけ。
（岡本 一九九八、一三六頁）

岡本のいう主体性とは瞬間の出来事である。

瞬間に生成する主体性は、丸山が思い描いていたような責任を担い続ける確固とした自己存在のイメージとは程遠い。それは現実へと挑み、これを矛盾に満ちたものとして把握するが、その把握の形式を固定的なものとして保持し肯定することができない、いやそうした所作を本質的に拒む。主体性はこの拒絶においてこそ、己れを確保するのだから、自らが築き上げたものに対する応答《レスポンス》がありうるとしても、原則的にそれは「破壊」という対応以外にありえない。具体的にいえば、「現実の主体的把握」は、現実を非芸術的なものとして見据え、これを否定すべく作品に造形するが、こうして生まれる作品へ応答する力《レスポンシビリ》／責任《ティー》は、これを打ち壊す能力である。というのも芸術は、「作品」に宿るのではなく、それを産んだ主体の緊張のほうにあるからだ。芸術的主体にとって、己れ自身が残した作品も、その都度引き裂かれた瞬間が残した排泄物以上のものではないのであり、否定さるべき「客体」となる。岡本はいう――「作品は芸術」ではなく、「問題となるのは作家の意思であり、そのドラマ」であって、「このドラマは現実（客体）と芸術家（主体）の矛盾、そしてそれを作品（客体）によって克服するディアレクティクだ。常に原動力となってこれを発展させる主体は、……作品を単なる客体として捉え、はげしくこれを否定する」（岡本一九九八、四八頁）。

岡本は実際、自己の作品の保存に執着しなかった。フランスの雑誌から表彰された丹下健三設計の東京都庁舎に添えた壁画が一九九一年、壊されることに決まったとき、岡本は「そんなもの、いつか壊れるものだから、一緒に壊れてもいいんじゃないか」といったという（岡本太郎記念館編 二〇〇三、一九二頁）。自己作品に対するそうした恬淡《てんたん》とした態度の源泉は、そもそも作品を否定対象と見る基本的な志向に由来するのではないだろうか。

対極主義は、こうして自らが残す作品さえも否定して、創作者の意志の芸術性を強調するのだが、だからといって、この意思的主体がなんらかの実体性をもち、そこから創作の必然性を引き出してくるわけではけっしてない。創作主体はそれ自体また否定されざるをえない。なぜなら、対極主義的生が引き裂かれた緊張のなかにおいてのみ、己れの存在を確保する限り、関係のなかに生成するこの生は、それ自体において存在するわけではなく、否定さるべき現実及びそれを否定するために生み出した作品というこれまた否定さるべきものに己れの存在を委ねているからである。主体自身もまた、「単なる否定の契機」にすぎず、「その芸術性を峻拒」(岡本 一九九八、四八頁) されねばならない。こうした自己否定は主体的自己が存在し続ける限り続く。いやむしろ、この自己否定の運動こそが、対極主義的主体の存在根拠であり、「レアリテ」をなす。

† 過去への眼差し

しかしながら対極主義という否定的主体性の神話(7)は、否定運動そのものに根ざすとしても、それが造形の実際の営為を、そして岡本自身の具体的生の営みをリードしていく語りである限り、いいかえれば、具体的内実をもつものとして語られる限り、否定の後に開ける虚無に沈潜していることはできない。生の具体的可能性は、否定そのものからは与えられないからだ。それを供給するものがあるとするならば、それは、将来的に実現されるべきイデーを認めない以上、否定運動が立ち向かう現実、自己が既にその内に放り込まれている世界以外にはありえないだろう。したがって対極主義的生は、「瞬間」に生きるといっても、過去から全く解放されるわけではなく、むしろこの現在という瞬間において過去と対峙し、それとの矛盾に引き裂かれるのであり、同時にこの敵対者、非芸術的な要素たる過去を、己れの存立にとって不可欠なものとして、とり込まざるをえないのである。したがって対極主義にとって与えられた現実、自らが生きる既存の世界への関わりは、それを構成する不可欠な要素となる。

十八歳にして日本を離れ「日本的限界からともかく一度は遮二無二《しゃにむに》脱皮」(岡本 一九九八、一八〇頁)しようとしていた岡本は、パリ時代ダダイズムの芸術家としても知られるハンス・アルプによって日本の茶室建築に目を向けさせられて以来(岡本 一九五六、二二三頁以下)、日本の伝統を意識し始めた。そうした意識は、一九五二年雑誌『みづゑ』に掲載された「縄文土器論――四次元との対話」となって結実する。この論文は、従来考古学的に発見されていても、「日本の伝統」の埒外《らちがい》に置かれてきた縄文土器を取り上げ、弥生農耕文化とは異なる狩猟文化をその背後に見出したものとして、日本文化史において画期的なことであり、パリで文化人類学者マルセル・モースのもとで学んだ岡本の功績の一つとしてしばしば言及されている。だがそれと同時に、この論文は、岡本の主体性の神話が過去への接続を具体的に開始した最初の一歩でもあり、以来彼は、日本の伝統を発掘すべく日本各地に旅し、その成果を『日本の伝統』(一九五六年)、『日本再発見――芸術風土記』(一九五八年)などの著作として公表していくことになる。

† 伝統は現在において創られる

こうした歩みは、一見日本の近代化が節目節目に残してきた一種の伝統回帰のように見えなくもない。私たちは既に第一章で岸田劉生や萬《よろず》鉄五郎に例をとって、そうした回帰を見てきたし、一九三〇年代半ばに登場した日本浪漫派などは、その典型的な事例だといえよう。だが岡本が過去へ向ける眼差しは、伝統としての過去が、常に自己との関係のなかで、したがって主体的自己の否定運動の現在に立ち現われるものである限り、永井荷風に見られるような、西洋化・近代化に傷ついた存在を包み癒してくれる「原故郷」の追憶に向かうものではない。エッセイ「縄文土器論」は、「現代の日本人として主体的に縄文式文化を把握する」という対極主義的志向を顕わにしつつ、こういう――「所謂伝統主義者達」が「自己を賭ける」のではなく、「伝統という既成の概念によりかかり、却って己を消し去る」のに対して、「我々が伝統と考えるものは、己の外にあるのではない」のであって、「何らかの形に於てそれに己を賭すものであり、主体的にあるものである」（岡本　一九五二、三頁以下）。

あるいは『今日の芸術』ではこうも語っている。

伝統というものは過去のものだと安心していてはなりません。われわれが現在において新しく作るものです。……「伝統」は……つねに過去を否定することによって強く生気をみなぎらしてゆくものであって、伝統を単に過去のものとして考え、自分に責任をとらず、それによりかかることは、伝統そのものを骨董的に殺してしまうことです。（岡本　一九五四、二一九頁）

過去と対峙することが己れの存在を問題化することとなのだという主体的意識を欠いた過去への接続は、岡本にとって不潔なものでしかない。岡本はこの論文を再録した『日本の伝統』で、亀井勝一郎、竹山道雄、小林秀雄を実名で挙げ、彼らの伝統讃美の言説に、そうした腐臭を認める。彼はいう――「まるで己の権利ででもあるかのように古典をふりかざし、過去のがわにたって居丈高く現在をいやしめ、今日ただいま、おのれが負わなければならない責任をのがれている。卑怯です」。そうではなく「伝統は自分にかかっている。おれによって生かしうるんだ、と言いはなち、新しい価値を現在に創りあげる、伝統はそういうものによってのみたくましく継承されるのです」（岡本 一九五六、七一頁以下）(8)。

† ハイブリッドな伝統

それでは岡本は、どのようなかたちで伝統への主体的接続を具体化していったのか。彼は、いわゆる「日本的な文化」、すなわち「わび」や「さび」という概念を軸にして語られてきた文化を、一定の時代、すなわち室町から江戸という時代に定位して作られた特殊なものとみなし、これを「日本文化の本来あるべき姿」（岡本 一九五四、一八一頁）だとする見解に真っ向から反対する。この文化は、それが創られた室町の茶人たちの場合など、なるほど己れに先立つ過去への反逆であったが、とりわけ徳川三百年の間に形式化され、観念化されてしまったのであり、さらにそれが明治の近代化のなかで、西洋化に対抗するかたちで、「日本の伝統」として固定化されていった（岡本 一九五六、七六頁）。いや「伝統」という言葉自体、「明治後半に作られた造語」であり、その「内容も明治官僚によって急ごしらえされた」ものにすぎない。美術史も例外でなく、「西洋には美術史がある、こっちにもなくちゃ、というわけで、向こうの形をしき写して、それらしきものを作り上げた」のであり、単なる「アプリケーション」（岡本 一九九九a、一四九頁）にすぎない――アーネスト・フェノロサや岡倉天心に導かれた例の復古主義を念頭に置きながら、岡本はそう批判する。

そのような「アプリケーション」を取り払ったとき現われてくるのは、主体が立っている現実に含みこまれているきわめて多様かつ雑然とした過去の総体である。岡本はいう――現在私たちの美術教育は、ギリシア彫刻の石膏の摸像から始まるし、胸を打つのは浮世絵や雪舟よりもゴッホでありピカソだ。文学でも源氏物語や新古今よりも、スタンダールやドストエフスキーだろうし、音楽でベートーベンよりも常磐津《ときわづ》のほうがぐっとくるという若者は珍しかろう。まちがいなく「われわれは、近代文化を生んだ西欧によって育てられている」（岡本 一九九九ａ、一五〇頁以下）。

岡本は、西洋化・近代化の優勢を事実として受けとめてはいるが、それが唯一のものだとか、歴史の必然的過程だとかいったことをいいたいわけではない。その意図は「とかく大層らしく言われるほど、われわれは純潔な伝統を負っているのではない」ことを示すところにある。現代の日本の現実が「日本の過去にあったものだけ」からなるのではなく、西洋のものを多く含みこんでいるならば、「ケチケチ狭く日本の受けつぐべき遺産を限定する必要」はない。岡本は、遺産の範囲を一挙に拡大する。

ギリシアだろうがゴシックだろうが、またマヤでもアフリカでも……われわれが見聞きし、存在を知り得、何らかの形で感動を覚え、刺激を与えられ、新しい自分を形成した、自分にとっての現実の根、そういうものこそ正しい意味で伝統といえる［のであり］……無限に幅ひろい過去がすべてわれわれの伝統だと考えるべき［なのだ］（岡本 一九九九ａ、一五一頁以下。［ ］内は引用者補足）。

「ライスカレーの中にお汁粉とチーズと、チャーシューメンをごちゃごちゃにかきまわしたような、そういうすべてをひっくるめたもの」――岡本にとって本来の伝統は、この「ナンセンスで、チマチマしたやりきれない」(岡本 一九九九a、一五四頁以下) 現実としてしか、存在しない。

伝統のハイブリッド性への目線は岡本の対極主義を、伝統一般についての独特な思考に導いていく。通常人は過去を、それぞれの人種や国家という枠組みのなかで、閉ざされ制限されたローカルなものと受けとめ、その継承を伝統だと考える一方、現在は無限な可能性に開かれているとイメージしているが、実は逆だ。過去は、非常に広大であり、全世界的に広がっている。岡本はもちろん、雑多な様相を呈するこの現実をそのまま受け取ろうとするのではない。彼の対極主義は、これに戦いを挑み、そこから可能性を汲み取り、そこに己れを賭ける。

過去をどんらんに無限大にまでひらいて、現在のパティキュラリーは逆に局限までちぢめて考えるべきだと思うのです。ちょうど袋にいっぱいに空気をつめて、口をキュッと縮めたように、その締めた口のところが現在の自分です。(岡本 一九九九a、一五五頁)

この縮められた地点、すなわち無限に広い過去との間に引き起こす緊張のなかにある主体的自己において、伝統は立ち上がる。

過去がすべて受けた遺産として、自由に所有できる開かれた世界だとしても、この狭い出口において強力に濾過《ろか》する。過去が何らかのスジをもって意味づけられる、「伝統」があらわれるのは、その瞬

間なのです。（岡本　一九九九ａ、一五五頁）

†　民衆への接近

こうして生の雑然とした現実を自らの個別的な現在において受け止める岡本は、伝統を高尚なものとして観念的に作り上げてきた知識人から離れ、生活者としての民衆に接近していく。岡本が、「わび・さび」の「伝統」にしがみつく画壇に対抗して、新しい芸術の担い手として呼びかけたのも、ほかならぬ民衆であった――

少数特権者の権力を背景にした、威圧的で難しい技巧を解消し、偏狭な職能の枠を排して、まったく自由な表現をもって大衆の中に飛び込むものこそ、アヴァンギャルド芸術なのだ。（岡本　一九九八、四六頁）(9)

実際彼が「わび」「さび」の伝統に抗して取り上げた過去の痕跡は、その多くが民衆の生活のエネルギーを母体としたものであった。彼によれば「わび」や「さび」が実は「外国から貴族層、上層階級に受け入れられ、その高みから国民に恵みくだされた」ものであり、それが日本の文化の上層を覆っているのに対して、その「厚い層の下に」「民族独自の明朗で逞しい美観、民衆のエネルギー」が、「はるかに重厚で、泥臭く、生活的なもの」（岡本　一九五八、二八一頁）が、埋もれている。それは、青森のおしらさま信仰やイタコ（岡本 一九九九b、三頁以下）、秋田のなまはげ（岡本 一九五八、三四頁以下）、出雲の国引き神話（岡本 一九五八、一三四頁以下）、阿波踊り（岡本 一九五八、二四九頁以下）など、さまざまなかたちで今なお、地表に露出している。岡本は民衆が保持しているこの「暗く深い、もう一つの美の伝統」（岡本 一九五八、二八二頁）の油脈を掘り起こそうとする――自分は「民衆にこそ、一たん火をつければ白炎をふいて燃え上がるエネルギーを予感するのだ」（岡本 一九五八、二七三頁）。

そのことは、先述のように岡本を丸山ら一群の戦後知識人から区別する差異でもあるが、小熊が指摘しているもう一つの流れ、一九五〇年代前半の「進歩系の知識人が西洋志向を自己批判して、「日本人」への回帰を表明」し、民話、民衆、民俗などを振り返るようになる潮流（小熊 二〇〇二、二七〇頁）に、岡本も棹さしていたことを示している(10)。

だが、岡本は、民衆のなかに「真なる芸術」もしくは「来たるべき芸術」の型を認め、それを掘り起こしたり育んだりするという民芸的な発想(11)など、もちあわせてはいなかった。彼はあくまで対極主義的主体性の位置に立って、雑然とした民衆の生に立ち向かう。彼はこう述べることすらある――

ピープルはあくまで素材なんです、ぼくに言わせれば。素材だから、大事だし、またその素材に対してノーということによって、その素材が生きる。（岡本敏子・川崎市岡本太郎美術館編 二〇〇四、四三頁）

彼は、民衆に接近しつつも、それと同化することは拒み、それがもつ生命力を現在という場にたたきつけ、前衛の位置を保持しようと努めたのであり、そういう意味でも民衆のなかに入っていってそこに埋没することは、対極主義的主体性の神話には書き込まれていなかったのである。

四　主体性の神話の亀裂

† 主体性の神話と高度経済成長

かくして戦後日本の精神史において岡本太郎は、一切の依拠《デペンダンシー》を拒む対極主義という主体性《インデペンデンシー》の神話を語ったのであり、この神話は同時に己れ自身の具体的存立のため、否定運動の内に既存の雑多な民衆的現実を引き受け、新たな伝統を創造すべく岡本を導いていった。岡本の活動と並行して日本は、高度経済成長の道を突っ走っていく。岡本は、本章冒頭で触れた《太陽の塔》に象徴されるように、近代化の高速の進行に対抗する意図を明示しつつ、この主体性の神話を語り続けた。だが高度経済成長と主体性の神話とは、対極の位置に立ちながら、根底のところで通じている。

いうまでもなく高度経済成長は、テクノロジーの展開の一つの具体化である。この流れは、本書が繰返し述べているように、世界の一切を際限なく利用可能にし有用化していくこと、手段化することとして、目的の根本的な喪失を密かに胚胎している。テクノロジーの巨大な機構は、次々と新しい有用なものを生み出し、この喪失に対抗しようとしていくが、主体性の神話もまた、有用性の徹底化がもたらす有用性自身の無意味化、すなわち有用性の蝕へのまた一つ別な補塡現象だと、私は考えている。なぜか。

† 否定する意思の実体化

目的の不在、したがって生の意味の不在という暗闇を塞ぐための神話的虚構は、日本の近代化の過程において、繰り返し語られてきた。そうした語りは、序章で大まかな下図をスケッチしたように、維新推進期に旧来の「家」制度を半ば継承しながら構築された明治の近代国家を生の基盤として地固めし、あるいはまた、これに抵抗するものとして大正期の青年知識人たちに「個性の拡充」を謳歌させた。昭和期を迎える頃、「個性」の神話は、再び、しかし明治期とは本質的に異なった趣きをもつ国家のそれによって駆逐されていく。いずれにせよこれらは、テクノロジーの展開がもたらす有用性の蝕を塞ぐべく、究極目的の仮象を虚構し生を支えたフィクションであり、岡本の主体性の語りともども、「神話」という言葉をもって名指す所以もそこにある。

直近の過去たる昭和の国家神話の虚構を打ち壊そうとして、あるいは政治的なその崩壊を生きるためのものとして[12]はっきりと姿を現わした主体性の神話は、既存の現実に対する目的なき否定運動の続行の肯定であるゆえ、目的の不在を塞ぐどころか、これを引き受けようとする意思の表出のように見える。しかしながら、目的の不在を意識したこの神話もまた、不在のもたらす不安を主体的意志によって克服しようとする限り、不在の闇を主体の否定的意志のなかに回収し消化してしまう可能性を免れない。たとえば岡本の絵画表現は、意味と無意味の対極を表出しているというのだが、概してそこに描かれた「無意味」は否定的主体によって生み出されたものとして、むしろ主体の力を誇示し、もって一種の人工臭を放っている。主体的意志は、無意味をも己れのものに加工する。もちろん岡本の場合、この意志もまたさらに否定の対象となるという意味においては、けっして確固たるものではないのだが、その脆さもまた否定の持続をもって、したがってやはり主体の否定の力によって補完されていくのであって、そうして覆われた有用性の蝕の上に、主体の「レアリテ」は暗く輝き現われ出る。

† 沖縄との出会い

しかしながら、特筆すべき充実した意思の力を生涯保持し、有用性の蝕に対抗し続けた岡本の内にその力の限界を自覚させる出来事が起こり、主体性の神話は、或る臨界点に達して、その根底に一つの亀裂を走らせることになる。それは、日本の伝統再発見の旅の途上、否定的燃焼のエネルギー源ともいうべき民衆の暗い生命力との出会いのさなか、具体的には一九五九年に訪れた沖縄においてのことであった。

岡本は近代化による歪みに抗する「貧しいながら驚くほどふてぶてしい生活力」(岡本 一九六四、一一頁)を求めて、なおアメリカ軍の統治下にあった南の島々を訪れたのだが、そこで、自分を打ち負かすような強烈な文化的造形物に出会うことはできなかった。勢い込んでやってきた彼はホテルで、夜っぴて騒ぐ米兵に続き、明けがた下手くそなピアノを弾く給仕の女の子の悪びれない無邪気さなどによって、むしろ徹底して肩すかしを食う。それは戦争をはじめとする悲惨な運命にもかかわらず、島人たちが示す「信じられないほど」の穏やかさ、善良さとも映るが、「強烈に、明確にこちらに響き、訴えてくる、そういう主張、破調というものがない」ことに、岡本は困惑し始める。対極主義的主体は、それとの矛盾によって引き裂かれんとする対極を見失うのである。

［島の人々の］鮮やかなふるまい、ゆるやかな波のようにこちらを包み、運んでくれるあたたかさに身を任せているうちに、こちらの焦点や摑みとろうとする問題が、くけ糸を外して行くようにするする

と抜けて行ってしまう。（岡本　一九六四、二四頁。［　］内は引用者補足）

岡本は「快感といっていいような虚脱感」を感ずる。摑みどころのないそれは、琉球の貴族文化が残した浦添のユードレや玉御殿《たまうどうん》に表わされたものではなく、壺屋の陶器類などは論外、たとえ悪くないとはいえ紅型《びんがた》にも造形化されていない。「もっと何でもなく凄いもの」――いったいそれはなにか……。岡本の困惑は続く。

琉球列島の南端までやって来て、岡本はこの「もっと何でもなく凄いもの」についてようやく語り始める。彼は、「なにもないこと」自体に姿を見せるそれを「ぎりぎりの手段で生きる生活者の凄み、美しさ」だとし、エジプトやギリシア、あるいは殷の文化以来脈々と続く人間の営みの対極に置く。後者は、「生活から切り離された凄み」をもつことによって、「虚飾のエネルギー」を放射し、それはそれで「人間の深い、激しい本質」を示しているが、前者のような「生活の素肌の感動」からは疎外されている（岡本　一九六四、四七頁）。ピラミッドや神殿が、作るという人間の力の最大限の誇示だとするならば、南の島々にとらえどころなく拡がっているものは、作ることをミニマムに縮減したものであり、それが生み出した「石垣や裸足［の歩み］やクバ笠」（［　］内は引用者補足）は、たわいもないものでしかない。それが美しいかどうかも問題ではないとさえ、岡本はいう（岡本　一九六四、五〇頁）。問題はそんなことよりも、ほとんど手を加えられていない作りものが示すなにものかであり、それは、ピラミッドのような「大いなる文化」の空疎さを静かに告発している。

ここに到って岡本は、己れ自身の芸術的姿勢を省みる。自分が推し進めてきた現代芸術は、近代文化・

近代社会に達する「大いなる文化」への抵抗であり、「人間生命の暗闇から根源的な感動をひき出し、純粋な形で叩きつけようとする」ものだったが、抵抗である限り、それは抵抗者に依存せざるをえないのではないか。対極主義的主体性は、いってみれば己れがなにかに対立しようとする構造そのものに、いわば対極主義的に向かい合わざるをえなくなる。対極主義の自壊とでもいうべき事態のなかで彼はこういう

――

抑圧への反抗、即自由であると考えるのは錯覚だ。……いったい、もっと平気で、素っ裸のままの時間というのはないのだろうか。（岡本 一九六四、五三頁以下）

† なにもないことの神々しさ

岡本が、この「時間」にもっとも接近したのは、沖縄開闢《かいびゃく》の島といわれる久高島《くだかじま》、高く聳《そび》えるクバの木を伝って神が降臨するというクボー御嶽《うたき》［図5］においてであった。島の唯一の集落から森の道を通って辿りつくこの聖地は、クバの森のなかに開けたただの空き地でしかない。

何もないったって、そのなさ加減。このくらいさっぱりしたのはなかった。クバやマーニ（くろつぐ）がバサバサ茂っているけれど、とりたてて目につく神木らしいものもなし、神秘としてひっかかってくるものは何一つない。（岡本 一九六四、一二四頁）

岡本の目は、着手点として香炉を求めるが、「隅の方に三つ四つ、石ころが半分枯葉に埋もれてころがっている」だけだ。この聖地の徹底した「もののなさ」に、岡本はほぐらかされつつも、かえってそこに「神聖」の根源的な意味を見出す。

図5　沖縄久高島クボー御嶽・神は自分のまわりにみちみちている

何の手応えもなく御嶽を出て、私は村の方に帰る。なにかじーんと身体にしみとおるものがあるのに、われながらいぶかった。なにもないということ、それが逆に厳粛な実体となって私をうちつづけるのだ。(岡本　一九六四、一二五頁)

ここには神像もなにもないが、この場所自体が神の聖性に相応しいと岡本は感じる。この場所の清潔さに対してみれば、香炉などは人間がそれに応じて作り上げていった対応物でしかなく、さらにその延長線上に社殿などが築かれ、それによって神との初原的な通路は塞がれていく。岡本は、先年出雲に向かったとき、大社の造形に触れ「日本建築美の最高の表現」(岡本　一九五八、一三九頁)と称讃していたが、御嶽の経験の後では、その出雲大社も、エジプトの神殿やアクロポリスもろとも、「人間の意思と力にあふれた表情」を見せるだけで、所詮「芸術の感動」を与えるにすぎないと規定される。

沖縄の御嶽でつき動かされた感動はまったく異質だ。……なに一つ、もの、形としてこちらを圧してくるものはないのだ。清潔で、無条件である。だから逆にこちらから全霊をもって見えない世界によびかける。（岡本 一九六四、一二九頁）

「芸術の感動」、すなわち対極主義的運動が生み出す「爆発」とは、まったく異質な空間がそこに開かれる――

神は自分のまわりにみちみちている。（岡本 一九六四、一二九頁）

†「外部」に開かれていく主体

テクノロジーの展開が己れの内にひそむ目的の不在をさらなる有用化の続行によって無限に先送りするのと似て、対極主義は一つの矛盾的自己から別な矛盾的自己へと際限なく運動していくものであったが、沖縄で岡本が経験したのは、否定を本質とするこの運動を人間の意思に限定されたものとして「否定」する、別なものの現前であった。この「否定」は、自己をも否定する自己というかたちで意思的主体を立てていた対極主義と異なり、否定する者を己れの後に残さない。無限に否定を重ねてきた主体は、いってみれば、ここで己れの「外部」に開かれる。開かれるとは、この空間に立ち向かう対極的位置を捨て去ることである。主体はこの場所の内に包まれる。もちろんこの場所に内容があるわけではない。それは、既存の文化や否定さるべき現実、またそれを己れのものとして抱え込んでいる自己やその排泄物としての作品を、人間に向かい合わせるわけではないし、まして矛盾が止揚されていく段階を提示することもない。それはただ、人間の作ることそのものを脱力化させるだけだ。けれども脱力化された作ることは、そして生は、この空間に開かれ包まれたものとして、なおあり続ける。岡本は、この開けを「生命の流動」もしくは「透明な混沌」とも名づけるが、それは主体性の神話の底に走った亀裂とそこに顔を覗かせた作ることの原初的場所を指す記号にほかならない。

有用性の蝕の暗闇は、現代のテクノロジーの必然的帰結であると同時に、今後とも続く世界の夜である。それは卓越した想像力によっても、塞ぐことはできないし、そうした営為も所詮騙《かた》りを生み出すだけだ。けれども、この暗闇は、テクノロジーの展開の底に姿を現わしてきたとはいえ、テクノロジー自身が創り出したものではない。それは作ることそのものに先立ってある。だとするとその闇は、御嶽が追想させる原初的な場所と異なるどころか、実は本質的に同じ場所なのではあるまいか。すなわちテクノロジーが孕んでいる根底的な目的の不在の闇は、そもそも作ることが始まる原初的な場所ではなかろうか。テクノロジーは、この場所を根本的な制約としつつも、それを全面的な手段目的の連関の構築によって塞ごうとしてきたのではないのか。ところがそうした「埋葬」は、その志向の徹底のゆえに、かえってその機構自身を虚脱化し、その結果、かの場所が有用性の蝕として、私たちの眼に入ってくるようになったのではなかろうか。御嶽もまた人が作ったものである。作ることである限り、そこにもまた目的と手段があるはずだが、テクノロジーとはほど遠い、はかないその制作は、かの場所を閉ざすことなく、「もののなさ」の表現として、そこに向かって開かれている。もしもそうだとしたならば、有用性の蝕としてテクノロジーの底に潜んでいる闇が、御嶽の空間と同様、聖性を帯びることも、まったくありえないわけではないのでなかろうか。そのとき作ることとは、そして有用性とそれを構成する目的と手段は、おそらく、かの場所を塞ぐ道具立てとはまったく異なった神々しいかたちとなって現われてくるのかもしれない。振り返ればブラウン管のなかの岡本のパフォーマンスは、その成否は別として、己れ自身も「爆発」させ、かの場所への通路を開こうとしたものとして、テクノロジーの支配のただなかにおける呪術的祈りであったのではないか――岡本の沖縄御嶽経験を回想しつつ少なくとも私は、そのような問いを抱くのである。

† イヌクシュク――存在と無の間のかたち

岡本は、この体験の後も、対極主義的姿勢を基本的には崩さなかったが、その主体主義的言説のそこここに、否定的対極を超えたものとの接触の痕跡を残している。彼は、それを「聖なるもの」という言葉でもって呼んだ。もとよりそうした呪術は、神格としてまた一つ別な主体を立ち上げることにおいて、原初的な場所の現前からの離脱を導き、テクノロジーが構築していく巨大な機構と同じく、かの場所を再び閉ざす危険に晒されている。しかしながら、彼の主体性の神話に萌《きざ》した、作ることの原初的な可能性の影は、たとえばエスキモーが残した不思議な造形物であるイヌクシュク［図6］について一九七〇年に語られた言葉のなかから、私たちに問いかけてくる。

「たとえなんでもない一つの石ころでも、凝視すれば言いようのない神秘の存在としてたちあらわれる。

／それは徹底的に人間の外にある」。そうした「石を積み上げるという神聖な、呪術的行為」によって「冷たい石塊を自分のうちに入れてしまう。合体するのだ。石はそのとき「人間」になる」。だが「積み上げ終わり、手を放し、ふと身を引いた瞬間に、それはまったく新しい存在、他者として自分の前にたちあらわれる。もうただの石ころ、その集合ではない。また自分自身でもない。それらのモメントを超えた存在が出現する」（岡本 一九九九c、二一二頁以下）。

このかたちは、その存在をかけて立ち現われた場所を指し示す。すなわちイヌクシュクは、石が接着されておらず、恒久的なものでなく、一突き押せば、ガラガラと崩れ、像は忽然と消えてしまう。ばらばらになって発掘されても復元可能なかたちとしてそこになお残るギリシア彫刻とちがい、「まったくの無に帰ってしまう」。作ることの終わり／テロスにおいて、隠されつつ已れを示す場所へのこの通路を辿るようにして、岡本はこう呟く。

図６　イヌクシュク（岡本 1999cより転載）

> 感動的だ。このような、存在と無存在の危機のポイントに平気で立ちあがっている姿こそ神聖ではないか。
> （岡本 一九九九c、二一三頁）

この呟きには、作ることの別なあり方、目的と手段の別なかたちへの問いを促すものが含まれている。

第五章

《田園に死す》・一九七四年の自画像

——寺山修司

一　「寺山修司」とは誰か

†「前衛」を巡る鼎談

一九六九年になされた鼎談《ていだん》がある（岡本敏子・岡本太郎美術館編　二〇〇四、三八－四九頁）。対談者は、岡本太郎、金子兜太《とうた》、そして寺山修司の三名。三人は、同時代の「前衛」を代表する芸術家として、「現代の前衛とはなにか」というテーマで「意見交換」を行なうのだが、記録を読む限り、それぞれの言説の土台が異なっているため、すれ違いが多く、少なくとも同時代の「前衛」の共通項が明らかになったという印象は覚えない。

それでも話者同士が対立するところは、暗闇にマッチが擦られるように、浮かび上がって見えるのであり、たとえば前衛俳句の代表者の金子が創作行為の結果に対する意識を「芸術家がもつべき責任」として提起するのに対して、岡本も寺山も即座にそのような目的意識の意義を否定し、無責任であることをむしろ誇ったり、「社会科学者か歴史家の司書みたいなものの考え方」だと金子の姿勢を皮肉ったりするあたりは、むしろ鼎談中の明部に当たる。

むろん岡本と寺山との間にも断絶がある。寺山から「社会科学者」扱いされた金子が、やはり「芸術家の責任」を理由に、当時寺山によってなされたばかりの素人演劇《書を捨てよ、町へ出よう》の試みを、「街のあんちゃんの芝居ごっこ」で「前衛の所業」ではないと揶揄《やゆ》したのに対して、寺山の方は「観客の日常生活がささやかに変わった」とすればそれでよいと返す。すると今度は岡本が「徹底的に、すっかり土台から変わるということでなければほんとうじゃない、という気がする」というのだが、寺山は「すっかり変わる、なんてことを楽観的に考えられるものとも思えませんね」と応ずる。こういったところなどには、三人三様の基本姿勢のずれが露出している。

† もう一つの沖縄体験

金子のことは、ここでは措く。だが今確認した岡本と寺山との間の「ずれ」は意外に大きな問題につながっていくように思える。岡本は、前章で見た通り、沖縄久高島のクボー御嶽《うたき》で、主体性の底が破れるような、或る透明性を経験し、それを自分の周りに満ちている神の名の下で言説化した。彼が沖縄や下北などを訪れ呪術的世界の痕跡を写真に残し『沖縄文化論』をはじめとする彼独自の日本文化論を書いたのは、一九五〇年代後半のことだったが、実は寺山も一九七四年『花嫁化鳥・日本呪術紀行』と題する旅行記を出版しており、宮古島近くの離島・大神島への旅の記憶をこれに残している。

岡本の沖縄体験と比較して寺山の紀行文を読むと、寺山の眼差しがこの風葬の島の呪術的世界の閉鎖性に向けられているのに対して、岡本は、より以前であるゆえに、おそらくもっと濃厚に残存していたはずの禁忌をほとんど意に介することなく、島の世界に入っていった、あるいは正確にいえば、「入った」と思っていたということが見えてくる。それは、岡本の或る種「無邪気」な才覚の現われといえるかもしれないが、寺山の立ち位置から見ると、実は呪術的世界の外部に留まって社会科学者や人類学者のようにこれを眺めているのに、それに対して無自覚なままでいることを表現しているように見えてくる。寺山のエッセイには、彼が大神島で会った鎌田久子という民俗学者が登場するが、彼女は、この島の精神世界の内部に深くに入り込んだため、岡本と異なり写真はおろかノートをとることもできなくなってしまっている。彼女と異なり、結界を安易に往来できると思っている岡本は、そもそも呪術的世界の本質を逸している――岡本が沖縄においてとった態度を、もしも寺山に評させれば、こうもなろうか。

ここに見える両者の違いは、先の座談会で寺山が岡本の「すべてを土台から作り変える」のが前衛だとした態度を「楽観的」だと評したことに通ずるように思われる。排外性と引き換えにこの島が守っている「マツリの内実も、あばいてしまえば何ほどのことでもない」（寺山 一九七四b）[1]という寺山は、もちろん呪術的世界が虚構的なものでしかないことをよくわかっている。ただし問題は、虚構がもつ力、あるいは虚構と人間存在との関係についての意識のあり方である。岡本のなかには、虚構を突き崩せば、人間存在の透明な位相が根源的なものとして純粋なかたちで見出せるという思いが残っているのではないか。しかもそれは、前章で岡本の主体性の神話の問題点として指摘したように、突き崩す人間の力への「楽観的」な信頼に転化しかねないのではないか。

少なくとも寺山のなかには、人間の主体が、その存立のために不可避的に産出せざるをえない虚構によって、そこからの脱出の試みも含めて絡め取られてしまうという自覚があった。したがって寺山の自己理解は、岡本のようにストレートに伝統と渡り合うものとは異なり、捻れを帯びる。本章は、メタ的次元も同時に含む、そんな自己理解を寺山の《田園に死す》のなかから取り出してみたいと思う。一九七四年に封切られたこの映画は、寺山自身の自伝的作品でもある。そこに私たちは、一九七〇年代の日本の芸術家、あるいは知識人の精神のありようを描いた自画像を見出すとともに、今見たような虚構と自己との不可分な結びつきを思えば当然のことながら、自伝なるもの一般、さらにいえば人間存在と過去との関係への反省のきっかけをうるであろう。さらに私としては、自己理解そのものの原点とでもいうべき、より内奥の事象に向かってこの作品が私たちを導いてくれるかどうかを試みてみたいと思う。もしもそれに成功するならば、一九七四年の寺山修司の自画像は、生み出された時代の精神の表現に留まらず、もしもそれに成功人間精神一般の根本的な層に達する眼差しを宿したものとして、卓越性を帯びることになると思うのである(2)。

† 詩人・寺山修司

寺山は、自分をいかに規定するのかという問いに対してその困難さを繰り返し語っていた。たとえば彼は次のように述べている――

詩人、ボクシングファン、劇作家、青森県人、……どの一つをとって「これがおまえだ」といわれても、わたしは否定できませんし、反面「これこそわたしそのもの……」といった感じも持つこともできないのです。(寺山 一九七二、一七八頁)

「あなたの職業は?」と尋ねられると、「職業・寺山修司」と答えたというのは、彼にまつわる有名な話だ(3)。自己規定を巡る困難は、それが問いを立てる者自身に自覚されたとき、自画像もしくは自叙伝にまちがいなく複雑な陰影を与えるだろう。いやむしろ「いったい自分とはなんなのか」という問いなくしては、そもそも自画像を描く営為など、成り立ちえない。

それでも、通俗的ながらプロフィールを暫定的に固定しておくことも、本章が最後にそれに戻ってくる限り、まったく意味がないわけでもあるまい。上の引用の最初に「詩人」とあるのは、それなりに理由のあるところで、彼も詩作、とくに俳句から出発し、短歌を経て、散文詩や小説も書いていった。ラジオドラマの脚本でメジャーにデビューしたあとも、そして戯曲を書き劇団を主宰し、映画を制作していったときも、着想は詩に由来するものがほとんどで、詩は彼から離れなかったといって過言ではない。そうだとすると、彼を詩人として紹介するのが、とりあえず一番無難だろう。「田園に死す」も、もともと彼の歌集のタイトルであり、自ら「うたのわかれ」(寺山 一九七八、二七九頁)、いってみれば「集大成」とも表現したこの歌集に含まれている短歌の朗読から、映画もまた始まる。

† 「**虚偽申告**」

さて詩人・寺山の履歴だが、通常は簡単に見える、その紹介作業もまた、彼の場合、他の芸術家以上に慎重さを要する。青森県三沢市にある寺山記念館が出しているカタログには、もちろん年表がついているのだが、そこには「寺山修司関連事項は寺山修司作成自己年譜による」という小さな字の但書がついている(寺山偏陸 二〇〇〇、一八〇頁)。おそらくこの付言は、寺山自身の履歴記述が「歴史学的」に信頼できないことに起因する。

たとえば寺山は自筆年譜に一九三五年十二月十日(出生届の関係で、戸籍上は翌年一月十日出生)「青森県大三沢市」に生まれたと記載しているが、母親自身の証言を信ずるとすれば(寺山はつ 一九八五、九頁)、実際の生誕地は青森県弘前市だったようだ。しかも寺山の伝記を書いた長尾三郎によると、実在していたのは「大三沢町」で、それが三沢市に変わるのは一九五八年のことである(長尾 一九九七、二四頁、また高取 二〇

○六、二五三頁を参照)。長尾はまた、寺山自伝『誰か故郷を思はざる』にある、少年の日見たという「蓮徳寺の、赤ちゃけた地獄絵」(寺山 一九六八、五二頁)の存在を、寺山の中学校時代の友人でもあったこの寺の住職の証言に基づき、否定している(長尾 一九九七、五五頁)。

少なからずある、このような「虚偽記載」もまた、自己規定と同様、寺山の自己理解の問題につながるわけだが、とりあえず彼が一九三五年に青森県に生まれたとして、一九八三年に亡くなるまでの半世紀に満たない生涯を構成するトピックのなかから、彼と母親との関係だけは挙げておきたいと思う。

†「オレステス・コンプレックス」

父八郎と母はつとの間に生まれた一人っ子・寺山修司は、警官だった父が太平洋戦争に召集された後、一九四五年七月十四日十五日の両日にわたった青森大空襲を母と二人で生き延びて終戦を迎える。二人は父方の叔父を頼って、現在の三沢市に移るが、結局父親は、インドネシアで病死して戻ってこず、母は三沢に進駐してきたアメリカ軍のキャンプで働くことになる。母はつは、アメリカ軍将校の「オンリー」、すなわち特殊な関係の女性、占領地における「妻」だったともいわれ、おそらく当の軍人の移動に伴って、九州へ行ってしまう。はつが面倒を見られないから、という理由で寺山少年は、既に母方の叔父がいる青森市に移っていたが、こうした事態から始まる母との愛憎半ばする関係は、寺山の生涯にとって宿命的な事柄となった。その後母は、やはり基地の町・立川に移り、寺山自身が早稲田大学に入学したこともあって、直接的なつながりが復活する。

わが子を捨てたかに見える母であり、寺山も己れを「捨て子」と表現することもあったが、彼女が寺山に強い執着心をもち続けたことは、さまざまな証言が示しているところである。たとえば女優だった九条映子との寺山の結婚に際しても、はつはそれに反対しただけでなく、二人のアパートへの放火まがいのいやがらせといったエキセントリックな行動さえとったと伝えられている（九条 一九九三、一四二頁以下）。結婚式にも出席しなかったはつは、一九六九年寺山の劇団・天井桟敷《てんじょうさじき》の専用劇場建設がきっかけとなって、この建物の一階の喫茶室で働くようになり、寺山との共同生活を開始するが、一方劇団経営などを巡って既に寺山と微妙な関係になっていた九条映子は、翌年彼と離婚する。九条は離婚後も寺山の仕事上のパートナーを務め続けたが、母親もまた、寺山が死ぬまで彼のそばを離れなかった。いや死んだときも彼女は、息子の訃報を息子自身の演出による芝居だと信じ、葬式にも出席しないで彼の帰還を待ち続けるといった具合に、強い関係を結び続けた。彼女は、のちに九条を自分の養女にするが、それは息子の作品等遺産の管理のためだったと九条自身は回顧している（九条 二〇一三、一九一頁）。別れた息子の嫁さえも、いわば息子の一部として取り込んでしまうほど、寺山への彼女の固着は強かったといえるかもしれない。

母親とのこうした関係は当然、寺山の側に複雑な感情を発生させざるをえない(4)。彼にとって一個の個人としての自立、それ自体著書のタイトル『家出のすすめ』となって当時の若者を刺激した言葉でいえば「家出」は、そのまま母親との闘争、さらに「母殺し」のモチーフとなって寺山に憑《と》りつく。執着する母は同時に、血の連続性として、エロス的表象へと転換されることも起こる。むろんこの表象は、甘い誘惑どころか生々しい地獄のイメージである。トロヤ戦争の英雄として帰還した父アガメムノーンを暗殺した母親クリュタイメーストラー、そして父の敵として彼女を屠る実の子オレステース。アイスキュロスのギリシア悲劇の主人公名をとって、寺山は、母親との関係を「オレステス・コンプレックス」（寺山 一九七八、二八二頁）とも呼ぶが、大蛇となった母親の亡霊に取りつかれるオレステースのもがきは、寺山にとってさまざまなヴァリエーションをもって執拗に語られるテーマとなる。

視覚的にもわかりやすい一例として一九七五年に出版された写真文集『寺山修司・幻想写真館』の一節「母地獄」を紹介しておこう。そこに載っているのは、まず、はつの若い頃の写真で、寺山はそれをずたずたに切り裂いたうえで改めて糸でつなぎ合わせている。《田園に死す》の冒頭にもモンタージュ風に出てくる、こうした写真は、母殺しの反復を想起させる［図1］。もう一つは、厚化粧した母と若い男がベッドの上に横たわっているシーンであり［図2］、これには、寺山の次のようなコメントがついている——

余は十数年ぶりで再会した……既に六十余才の母に厚化粧をして貰って、往年のクローデット・コル

図1　母は繰り返し殺される

図2　厚化粧した母と若い男・悲しき復讐

ベール嬢、あるいはジョーン・クロフォード嬢のごときポーズをとってもらった。撮ることは、まさに悲しき復讐にほかならなかった。(寺山 一九七五、五一頁)

ちなみに若い美青年は森崎編陸《へんりく》で、かの『家出のすすめ』に触発され東京に出てきて天井桟敷に加わり、寺山の死後もはつと住み、九条と同様養子になった人物である。寺山は、母親より早く死ぬことになるにもかかわらず、作品のなかでは早くから、繰り返し母を亡き者として扱ってきたし、事実かどうかは別として、母親の性的交渉の光景の目撃や空想を一個の地獄として描いたり(寺山 一九七八、四九頁、および一五〇頁以下)、あるいは自分自身との近親相姦の可能性すら語ったりしてきた(寺山 一九七〇、九頁)。《田園に死す》と同じく自分の過去への関わりを扱った映画《草迷宮》には、主人公が母親の性交渉のシーンを目撃し、しかもその相手が自分自身であることに驚愕するシーンも設定されている。写真集『寺山修司・幻想写真館』は、そのあとがきによると一九七三年年頭には企画されていたようだが、一九七四年に撮られた《田園に死す》も、寺山自ら「少年時代の出来事の映画化」を目指し、しかも母親との関係の切断と連続という同一の主題のもとで構想されたものであった。

二 映画《田園に死す》

† 少年、母、化鳥、草衣、そしてサーカス

映画《田園に死す》は、一九七五年のカンヌ映画祭に正式に出品されたもので、長編映画としては《書

を捨てよ、町へ出よう》(5)に次ぐ二番目の彼の監督作品である。本章冒頭で触れた座談会で金子兜太に「街のあんちゃんの芝居ごっこ」と揶揄された天井桟敷の連続的プロジェクトから出発した後者が、都市の風景のなかで展開されるのと異なり、《田園に死す》は、青森県下北半島に位置する恐山《おそれざん》霊場を舞台としているが、岡本太郎も訪れたこの呪術的な場所が、映画の基調低音を発している。

映画《田園に死す》は、前半と後半にはっきりと分かれる。上述のように短歌の朗読とそれにまつわるイメージで幕を開けた映画は、古い家の柱時計の修理を隣家の男に頼んでいる年取った女を映し出す〔図3〕。彼女は、主人公となる少年の母親だ。母親は、この少年に執着しているが、少年の方は思春期を迎え、母親からの自立と田舎からの脱出とを望むと同時に、隣家の美しい嫁・化鳥《けちょう》(6)〔図4〕に憧れを抱いている。

映画は、この少年を中心に、いくつかのモチーフを交えて展開される。その内の一つは「草衣《くさごろも》」という名の若い女性の物語で、彼女は私生児を身ごもっている。《田園に死す》の母親は、家出を考えている息子に抱きつき宥めるシーン以外、エロス的要素をほとんど帯びておらず、「草衣」がそれを代行しているといっても差し支えあるまい。寺山の演劇および映画に欠かせない女優だった新高《にいたか》恵子演じる彼女は、なんとか赤ん坊を出産し、村の人々に一応は祝福される〔図5〕。もう一つは、村にやってきたサーカスだ。空気女、小人、蛇娘など異形のものを見せるこのモチーフには、寺山が天井桟敷を結成したときの理念「見世物小屋の復権」(7)が織り込まれているわけだが、ここではサーカスの団員たちが時計をめいめいもっていることに注目しておく。ちょうどそれは、母親が柱時計を修理のために家屋から持ち出すのを認めないことと対応する。草衣やサーカスに対して少年はほとんど傍観者的な位置に立っているが、隣家の化鳥

図3　《田園に死す》シーン1
・柱時計の修理

図4　《田園に死す》シーン2
・隣家の美しい嫁・化鳥

図5　《田園に死す》シーン3
・村の人々に祝福される草衣とその赤ん坊

の場合はちがう。おそらく夫に性的交渉を許していない(8)彼女は、姑と夫から逃げ出して駆け落ちすることへと、少年を誘惑するからだ。もともと化鳥にも家出にも憧れを抱いていた少年は、迷いなく彼女の脱出を手伝い、夜明けの線路の上をともに歩み出す［図6］。

†「三代前のおばあさんを殺したら……」

ところが、ここで映画は大きく転換する。フィルムが途切れ、モノクロの光のなかに試写室が浮かび上がってきて、今までの映像が制作途中の映画だったこと、しかもそれがこの映画の「監督」の自伝的映画だったことが明かされる［図7］。試写会が跳ねた後、「監督」は「評論家」とバーに行く。たばこの煙の中で彼は、自分が今まで自分自身の子供時代を題材に創作してきた結果、自分の支えになったかもしれないそれを「厚化粧した見世物」、つまりただの虚構に変えてしまったのではないかと語る。それに対して「評論家」は、そうした過去の虚像化を肯定する。過去など、人間を拘束している「首輪みたいなもんだ」。人間が自由になるためには、そもそも過去などは否定してしかるべきだというのが「評論家」の意見なのである。さらに「評論家」は「監督」に問いかける――

「もし、きみがタイムマシーンに乗って数百年をさかのぼり、きみの三代前のおばあさんを殺したとしたら、現在のきみはいなくなるか」。

「監督」は、この問いを反芻《はんすう》しながら、自分のアパートに帰ってきて愕然とする。なぜなら、ドアの前に

図６　《田園に死す》シーン４
・夜明けの線路の上の家出/駆落ち

図７　《田園に死す》シーン５
・監督と評論家

図８　《田園に死す》シーン６
・二十年前の自分自身に会う

立っていたのは二十年前の自分自身だったからである［図8］。

†「私の少年時代は私の嘘だった」

ここから映画は後半へ入り、首のない地蔵尊の列や不吉に鳴くカラスの群れなどのイメージを重ねることによって、前半に見せた田舎の風景が美化された虚構であったことを示していく。後半の語り手となった「監督」はこう呟く――「私の少年時代は私の嘘だった」。

図9　《田園に死す》シーン7・犬憑きの赤ん坊は川流しされる

「化鳥」は憧れの人どころか、少年を欺いていた。彼女には社会から追われる別な男性がいたのだ。「僕をだましたんだね」と難詰する少年に、彼女は、自らの宿命を「焼跡の巡礼女、後ろ指の夜逃げ女、泥まみれの淫売」と、暗く語ったうえで、ようやく再会したその男と心中してしまうのであり、「監督」は自ら二十年前の世界に入り込み、自分自身の過去である少年とともにこれを目撃する。サーカスも村の子供たちをわくわくさせるものではなく、団員それぞれの欲望が絡み合う機械のように映し出される。「草衣」が生んだ私生児も、祝福などされるはずがなく、顔の痣《あざ》を理由に犬憑きと村人たちに責め立てられて、彼女はこれを川流しせざるをえない［図9］。少年が身を振りほどくようにして逃げ出した母親に到っては、「監督」のいる東京についてきてしまって彼と一緒に生活していることを、少年は自分の未来として知らされる。家出は結局のところ、果たされない夢にすぎなかったのである。

図10　《田園に死す》シーン8・東京新宿の雑踏のエンディング

† 未遂の母殺し

ラスト・シーンにおいて「監督」は、「評論家」から与えられた問いに答えると同時に、こうした過去を修正するため、二十年前の世界のなかで、母親を殺そうと試みる。しかし草刈鎌と荒縄をもって自分の家の扉を開けると、母親は驚くこともなく二十年後の息子を迎え入れ、食事の支度を始める。流れに逆らえず、母親と差し向かいで食事をとる「監督」の姿に、彼自身のつぶやきが重なる――

「どこからでもやりなおしはできるだろう。母だけでなく、私さえも、私自身が作り出した一片の物語の主人公にすぎないのだから。そしてこれはたかが映画なのだから。だが、たかが映画の中でさえたった一人の母も殺せない私自身とは、いったい誰なのだ!?」。

突然背後の押入れが倒れ、東京新宿の雑踏が現われる［図10］。しかしながら二人は食事をとり続け、出演者たちが町のなかへゆっくりと歩き去っていくさまを映しながら、映画は終わっていく。

三　不たしかな自己

†過去を書き換える主体

こうして紹介したストーリー自体から、既にこの映画の基本的な主題が、過去に対して人間がもつ関わりであることは、明らかだろう。過去といっても一般的な意味での歴史ではなく、自らを形作ってきた過去、あるいは過去を含みこんだ自分自身の姿であり、そういう意味でこの映画の基本性格は、自画像もしくは自叙伝であるわけだが、もちろんリアルな過去の再現が目論まれているのでないこともまた、はっきりしている。だいたい映画の舞台・恐山にしてからが、主人公の故郷として語られているものの、寺山が育った青森や三沢から車で三、四時間はかかるし、しかも寺山が恐山に初めて行ったのは、一九六二年のことといわれている（三浦 一九八七、七三頁）。既に示唆しておいた通り、いくつもある寺山の自伝もしくは履歴書は、いわゆる事実とのずれを含んでいるが、そうした志向がここでは、意図的に展開されている。寺山は、この映画制作にあたって次のようなメモをスタッフに配ったと記している――

これは一人の青年の自叙伝の形式を借りた虚構である。われわれは歴史の呪縛から解放されるためには、何よりも先ず、個の記憶から自由にならなければならない。この映画では、一人の青年の「記憶の修正の試み」を通して、彼自身の（同時にわれわれ全体の）アイデンティティの在所を追求しよう

とするものである。（寺山　一九八三a、一一八頁）

このメモがはっきりと示している通り、寺山は「記憶の修正」を明確に意図していたわけで、再現どころか、むしろ過去を揺るがそうとさえしていた。「作り直しのきかない過去なんてどこにもないんだよ」——これは、後半で少年の二十年後たる「監督」が言うセリフだが、同じ言葉を寺山は他のテクストでも好んで何度も繰り返している。このメモによれば、「記憶の修正」の目的は、まずは「一人の青年」、この場合寺山の「アイデンティティ」を問題にするところにあるが、この「アイデンティティ」は、単に寺山個人の問題でなく、「同時にわれわれ全体」のものともいわれている。いうまでもなく、すぐれた自画像は、普遍的な人間理解に到る解釈を要求するのであり、その限りでは、単なる個人の身体や精神の再現に留まりえないのは、不思議なことではない。

† 虚構と不可分な自己

同じメモで寺山はこうもいっている——

現在の私が二十年前の風景と人物の中に入ってゆき、記憶の修正をすることによって、すでに固定化した自身の原体験「田園に死す」の世界を、現在の私から引剥がす。（寺山　一九八三a、一一八頁）

とりあえずこの言葉が語っているのは、人間を縛る「首輪」だと、過去を規定した「評論家」の考えと同じことだ。けれども映画が「評論家」の発言を裏切るかたちで進行したのは、先に見た通りである。つまり「固定化」した原体験の世界の「引剝がし」は、「母殺し」の失敗が端的に示しているように、結局のところ未遂の事柄に属す。自分を縛っている過去の否定によって「純粋」な自己が残り、それによって自己のアイデンティティが確保されるといった発想——いってみれば懐疑による「実体」としての自己の確保というデカルト的な発想——を、《田園に死す》は、むしろ不可能な試みとして示しているのである。

だからといって過去は、動かしがたい事実として自己を規定しているというわけではなく、あくまで修正可能なものに留まる。前半の美化された過去が虚構でしかなかっただけでなく、それを暴いた後半の過去描写も前者の実像などではなく、母子の食事というラスト・シーンが下北の農家の舞台設定を奪い去られて新宿の雑踏の空間に晒し出されることに示されるように、もう一つ別な虚構でしかない。監督第一作《書を捨てよ、町へ出よう》でも採用された「映画中の映画」という形態は、この虚構の連続がどこまでも続くものであり、とりあえず「事実」として映されている新宿の街も一個のフィクションでしかない可能性を、私たちに意識させる。ラスト・シーンの背景に映っている富士銀行などはその後、バブルの崩壊とともに消えていった。

いかなる過去もフィクションにすぎない。そうだとしても自己は、そこから脱して、これを幻想もしくは悪夢として振り払って自立することができない。当の主人公自体が、虚構と知りつつ、この過去のなかに吸い込まれ、その中心というべき母親と相対しながら、殺害の企てを放棄して、立ちすくむ。書き換えのきかない過去などないといいながらも、ここには過去から独立し、これを自由に作りかえる自律的存在など、見当たらないのだ。自己という存在は、虚構を超えた所にあるわけではなく、むしろ虚構と同じ次元に、しかもさまざまな虚構が発生し、交替していく場所に立っているといわねばならない。むしろそれは、虚構としての過去と不可分に動いているのであって、アイデンティティという言葉がイメージさせる確固とした存在であるどころか、たえず変化していく捉えがたいものというほかないのである。

冒頭で私は寺山が同一的な自己規定の不在を表明したことに触れたが、このことは、虚構としての過去の交替のなかにいる自己存在から理解すべき事柄だと考えられよう。過去は、自分がなんであるかを規定する背景となるものである。それが虚構として絶えず書き換えられる可能性に晒されているとするならば、自己規定も常に変換されうるものであり、自己を単一的に規定する方が、そうした可変性の隠蔽として、かえって偽装になる。そうなると私という存在は、私は誰かという答えられない問いそのものとなるはずである。一九七八年に書かれた一つの自叙伝『消しゴム』は、次のように締めくくられている——

自叙伝などは、何べんでも書き直し（消し直し）ができるし、過去の体験なども、再生をかぎりなくくりかえすことができる。できないのは、次第に輪郭を失ってゆく「私」そのものの規定である。自叙伝を書きながら、私は次第に記述者が何者であったかを忘れてしまって、いつのまにか手だけをのこして、自分をも消し去ってしまっていたのだった。（寺山 一九七八、三〇四頁）

†「政治の季節」としての高度経済成長期

自己規定の不確定性あるいは不可能性は、寺山という一人の個人の問題として語られたわけではなく、あのメモがいっているように「われわれ」の問題、寺山にとってまず同時代の問題でもある。寺山が活動した時期は、日本が敗戦というカタストローフから立ち直り、高度経済成長と呼ばれる驚異的な復興過程を歩んでいた頃と重なる。経済の発展は、都市の巨大化を促し、地方から多くの若者を吸収していったのであり、寺山の『家出のすすめ』は、一面ではこの流れに掉さすものであった。《田園に死す》も、田舎になお残る農村共同体からの脱出を目指したものだったが、当然のことながら、薦められた「家出」が自由を意味するとしても、「自分がなにになれる」ことは、同時に「何者でもない」ことでもあった。したがってそのことは、新たな虚構を生み出す必然性を形作ることになる。

この時期は、日本においても若い世代を中心とした政治の季節でもあった。一九六〇年および一九七〇年の日米安全保障条約改定は、若者たちを街頭でのデモに駆り立てたのであり、そんななかコミュニズムは彼らにとって、少なくとも一つの指導的なイデオロギーであった。しかしながら、この政治理念は、前章で岡本太郎の精神史的位置を測る際に触れたように、既に一九五〇年代はじめには、その中心的担い手だった日本共産党と、個人の思想や感情に傾く若い知識人との間に軋轢《あつれき》を引き起こしていたのであり、「主体性」という言葉は、特定の政治志向に吸収されることを拒む人間の個別的な存在性格を強調するキーワードとして流通するようになっていた。コミュニズムへの志向は、その後一九七〇年過ぎまで、この概念を少なくとも一つの焦点として、多様に分裂していくのだが、その結果それは、党派ごと、場合によっては個人ごとに異なる小さな神話へと拡散していったのであった。

そのような拡散自体、政治理念そのものの虚構性を示しているが、寺山は、強弱の別なく人々が特定の理念を共有することに違和感を抱いていた。日常的現実が、それ自身を保つために不可避的に虚構を要求すること、いわゆる「政治理念」とは、そのために生み出された代物でしかないことを、寺山はまちがいなく見抜いていたからである。したがって寺山は通常の意味でのアンガージュマン、なんらかの理念を共有するかたちでの政治参加に対しては、懐疑的であった。[9]《乾いた湖》というシナリオのなかに寺山が書き込んだ「デモに行く奴はみんな豚だ。豚は汗かいてこすりあうのが好きだからな。……みんな同じ鳴き声しかないんだ」（寺山 一九九三、四三頁）というセリフは、彼自身の基本的な「政治」姿勢を表わしたものとしてしばしば引き合いに出されるが、この言葉には、虚構を共有することによって、あたかもこれを実体であるかのように思い込んで、これによりかかる姿勢を、嫌悪感とともに当時の政治運動に見出した寺山の眼差しが映し出されている。

† 小市民生活の神話

のみならず寺山は、日本人のより広い年齢層にとって、もっと「リアル」であった神話をも虚構とみなしていた。それは「電気洗濯機とカラーテレビ」（寺山 一九七四a、一〇頁）に象徴される小市民的な生活の夢、まさに高度経済成長が紡ぎだした神話である。たとえばこの神話の典型といってよいマンガ『サザエさん』に対して、寺山はきわめてシニカルな眼差しを向けていた（寺山 一九七二、二四頁以下）が、浅間山荘連合赤軍事件や日本赤軍テルアビブ乱射事件といった当時世間を騒がせた事件について書いた、数少ない寺山の「政治」的エッセイも、同じ視線を宿している。

これらのエッセイは、「犯人」たちを一見擁護するかに見えるもので、それが目的であったとすると、けっして成功しているとはいいがたいものだが、[10]そこには一九七〇年を過ぎて退潮していくコミュニズムに代わって前景化してきた小市民的神話への批判が垣間見える。というのも日本赤軍の政治理念を共有していたわけではない彼が問題にしているのは、この事件の実行者たちの思想の内実ではなく、彼らを「犯人」に仕立て上げる体制そのもの、具体的には、ヒューマニズムを振りかざして「狂気」を摘発する世論、海外での行為に「犯人」たちに成り代わって「日本人」として謝罪する政府や一般市民が（寺山 一九七四a、四六頁以下）、己れの前提としている「道徳」の存在性格に対して無自覚であることに尽きるからである。寺山はテルアビブ事件の「犯人」の一人である岡本公三の父親を引合いに出し、自分の息子が行なった行為に関して、息子に代わって詫びるその姿を、寺山自身が少年時代に友人のアゲハ蝶を盗んだ行為に対して母親が「子のするすべてに責任がある」として友人宅に謝罪に行ったことと重ね合わせ、こうした「「あやまる親たち」の幕間狂言」にこそ「問題の本質がひそんでいる」と述べている（寺山 一九七四a、五〇頁以下）。寺山にいわせれば、「家族」という自分たちの虚構のなかに、それが一つの虚構であることの自覚のないまま安住しつつ、別な虚構に賭けた者をもそこへと回収して断罪していく構造が、問題のありかなのだ。したがって当時の首相・佐藤栄作が特使を派遣して「「日本人を代表して」（つまり、私［寺山］をも代表して）イスラエル政府に陳謝」（寺山 一九七四a、四六頁。［ ］内は引用者補足）したことも、同質の問題性を孕んでいる。要するに「代表」という「取戻し」、「回収」の権力構造こそ、寺山からすると、自らの虚構性の自覚を失った虚構として唾棄すべきものだったといえるのである。

「私たちは今、シオニズムの立場に立つ事も、パレスチナ解放の立場に立つ事も、できる」（寺山 一九七四a、五八頁）とは、彼の言葉だが、それは二つの立場それぞれの主張内容ではなく、虚構としての存在性格の共通性を指した発言とみなすべきで、特定の理念の絶対化への否定として、現実をも虚構の交替とみる寺山の姿勢から必然的に出てくる言葉だと私は思うのである。

おそらく彼は、「政治」ということで、権力把握による変革といった通常のイメージとは異なるものを抱いていた。彼は、一九七〇年の《人力飛行機ソロモン》から、演劇を劇場から市街へと解放していく。それは、本書最終章でも触れるように、観られる対象としての舞台上の俳優とこれを眺める客席の観客という図式を打ち破ろうとする試みだったが、この市街劇は、俳優が市民に働きかけ彼らのもつ固定化した常識への依拠を揺るがそうとする意図をもったものとして、寺山がなしうる一つの「政治的」アンガージュマンだったといえるかもしれない。

† 中心不在の世界――《奴婢訓》

いずれの理念も虚構にすぎないということ、したがってそれぞれの個人も自己規定を失って「自分は誰なのか」という一つの問いとなっているという精神史的状況は、寺山芸術の基本的なベースである。寺山のもっとも知られた短歌「マッチ擦るつかのま海に霧深し身捨つるほどの祖国はありや」は、支配的だった戦前の虚構の崩壊を歌った直接的な表現といえるが、ともするとナショナリスティクなロマンティシズムと怪しげに癒着しそうなこの歌よりも(11)、ここでは寺山後期の代表的演劇作品《奴婢訓》を、事態のより明確な表現として挙げておきたいと思う。

ジョナサン・スイフトの同名作品の翻案であるこの戯曲は、主人不在の屋敷のなかで、召使や下男たちが代わる代わる主人役を演じていく話である。主人とは奴婢たちに役割を与える存在であるゆえ、ここに開かれているのは、いかなる意味連関も虚構であることが暴露されたあとの世界だといっていい。寺山は最晩年この戯曲を含むいくつかを一冊の本にまとめ、解説を施したが、そこでこの作品について、次のように語っている――

［スウィフトの原作を］天井桟敷は、現代の問題としてとらえた。「中心の不在が、周辺の不在をうながす」。現代はまさしく主人の不在によって秩序づけられているのだ。（寺山 一九八三b、四三一－四三二頁。［ ］内は引用者補足）

しかしながらいずれの理念も虚構だとしても、そのことを指摘しただけでは済まない。《奴婢訓》に乗じていえば、人々は、たとえ遊びだとわかっていたとしても、自分が誰なのかという問いが浮上しないために、誰かに主人を演じ続けてもらうほかない。最後に登場人物の一人ダリヤが「誰かあたしの鏡になって頂戴」と叫ぶのは象徴的だ。人は、やはり虚構のなかでしか生きられない。さもなくば自己が誰であるのかわからなくなるから。虚構と虚構が交替するなか、一つの虚構を自らのものとして受け止め、しかもその虚構性を意識した形で生きるということ、虚構を現実と錯誤して生きるのではなく、現実を虚構として受け止めて生きること、虚構を虚構と知りつつなおかつ真剣にそれを演ずることは、「自然」的な支えを失った時代、つまり価値判断の最終的な基盤を失った状況のなかの人間にとって、おそらく残されたもっとも誠実な生き方であろう。

自分のしていることが「迷信」だと、客観的に熟知しながら、因習や悪癖と区分して迷信を愛すると

ころに、人間回復の兆しを見出せるような気がする。（寺山 一九七二、二〇九頁）

「客観的に熟知」するとか「因習や悪癖」と区別するとかいったあたりに、思考のツメの甘さが残るものの、寺山自身の基本姿勢を示した言葉である。

四 時――虚構が明滅する場所――

† 虚構を生きる

「人生は一幕のお芝居なんだから」とは、美輪明宏が主演した《毛皮のマリー》のセリフだが、これを語る主人公マリーは、男娼でありながら美少年の母親を演じている。しかしながら、このセリフを単なる諦念の表現でなく、積極的な生き方として保つことは、大変難しいことのように思える。なぜならば、自らが生み出したものに対する愛着は、これを実体化する方向で動くだろうし、そうなってしまえば、今度はそれが一個の他者となって自己を拘束するからである。

虚構の交替と不可分なかたちで生成する寺山の自画像において、自己規定の同一性という意味でのアイデンティティなど、確保されうるものではなく、むしろ絶えず否定されるべきものでなければなるまい。そういえば《田園に死す》のノートで寺山は、アイデンティティを「確保」するとは、いっていなかった。彼がいっていたのは、アイデンティティの「在所」の追求である。自己規定のアイデンティティが、その都度生じてくる虚構から由来する可変的なものだとすると、すなわち仮構される関係のなかで人々は主人にも奴婢にも、常人にも狂人にもなるとすると、その「在所」の追求は、虚構の発生の源へと向かわねばならないだろう。そしておそらく、この源泉が寺山の自画像のもっとも根本的な下図だと思うのだが、いったいそれはなんであろうか。そのことを考えるために、最後に時計という形象を取り上げてみたいと思う。

† 柱時計と腕時計

時計は、寺山最後の映画《さらば、箱舟》にも象徴的に出てくる、彼にとって重要なモチーフだが、《田園に死す》でも大きな役割を演じている。上述のように映画は、母親が守る柱時計の故障から始まるが、他方放浪していくサーカスの団員はそれぞれ時計をもっており、少年はそのことに驚きの目を見張って、こういう——

「皆が時計を持っていたら、喧嘩になるでしょう」。

帰宅後少年が腕時計を母親にねだると、母親はそれを拒絶する——

「時間はね、こうやって、大きい時計に入れて家の柱にかけておくのが一番いいんだよ。それを腕時計なんかに入れて外へ持ち出そうなんて、とんでもない考えだよ」。

さらに終わりに近づくと、空中を柱時計が飛んでいくシーンを差し挟んだうえで、時計を巡ってもっとも

図11　《田園に死す》シーン9・柱時計をもちだして恐山の荒野を歩く母

図12　《田園に死す》シーン10・犯された少年の腕には腕時計が巻かれている

印象的な場面が二つ現われる。一つは「時計は家のなかになければならない」としていた母親自身が、柱時計をもちだして恐山の荒野のなかを歩くシーンで、彼女の絶望的な視線が見上げる崖の上に、同様に柱時計を抱いた少年が多数夢魔のように現われてくる［図11］。母親と少年との別離を予感させるこれに追い打ちをかけるように、もう一つのシーンが映し出される。そこでは東京で都会の女に変身して戻ってきた草衣が、少年を誘惑し恐山の本殿のなかでレイプするが、犯された少年の腕に腕時計がまかれているのが大写しで映し出される［図12］。

　このように、時計は、柱時計と、腕時計もしくは懐中時計との二種類に区別され、それぞれ前者が母親を中心とした「家」というかつての持続的な虚構を象徴し、後者が、そこから脱出した、もしくは排除された者たちそれぞれの虚構を指し示していることがわかろう。寺山のノートにも、「柱時計が「家」の比喩である場合、腕時計は「家」の外の時間として考えられる」(寺山 一九八三a、一三〇頁)とある。時計は、そういったかたちで人間が誰であるかを規定する虚構の中心に位置づけられているのであって、柱時計の故障は「家」という制度の崩壊の可能性を、そして腕時計をもつことは、少年が母親から切断され、性差を与えられて都会という別な虚構へと送られることを象徴しているといえる。

† 比喩としての時計

けれどもさらに考えておくべきことは、時計それ自体が一つの比喩だということである。時計はいうまでもなく時の比喩だ。時はそれ自身を現わさず、時のなかにあるものに座を借りて現われるだけである。だが、いったいなぜ、時の比喩としての時計が、人間に自己規定を与える虚構の象徴になるのか。

人は時計をもって時を計るという。しかし時計のどこにも時は見当たらない。当然のことながら柱時計であれ腕時計であれ、開けてみても、母親のいったようになかに時が入っているはずはない。そこにあるのは、時とは似ても似つかぬ歯車の運動だけだ。映画のなかでも主人公は、「初めて買った腕時計の蓋をあけたときのおどろき」を、「いくつかの歯車の噛みあう音のカーニバル。六十進法の魔術師たちがしかけるトリックの数々」と表現し、通常時計が与える時のイメージと、機械としてのその内部光景との落差を、見世物としてのサーカスとそのテントの内側の楽屋風景との相違になぞらえている。時は、マジックの種だけを残して、消え去ってしまっているのだが、それでも蓋を閉めれば、日常のイメージとしての時は戻ってくる。そして私たちは、本当は不在である時をサーカスよろしく見せてくれる時計を基にして、自分たちの行動を統御していく。私たちの日常的な生は、表象を発生させる時計という装置によって、捉えられないものを捉えたことにして、組み立てられているわけだ。

時計が人間のアイデンティティたる虚構の象徴となるのは、それがこうして不在のものをイメージ化することで、生の整序を可能にするからではないだろうか。時計は、生の空間を開くという、まさに虚構そのものの性格を表わしているゆえに、寺山はこれに重要な位置を与えたのではないかと私は考えるのである。

†「見えない大きな時」

自己のアイデンティティは、虚構によって与えられるが、虚構は時という捉えがたいものの上に組み上げられている。だとすると、あのメモに書かれていた《田園に死す》というプロジェクトの目的である自己のアイデンティティの「在所」の追及が行きつく先、そして虚構の交替の内に生きる寺山の自画像のもっとも基本的な下図は、時だということになるのではないだろうか。いうまでもなくそれは、時計で計られてイメージ化される「以前」の時、寺山流にいえば「六十進法のトリック」で現出させられる「以前」の時でしかなく、ましてや「家」という制度のなかに取り込まれた循環的な時でもなければ、あわただしい都市の生活を支配する直線的にイメージされた時でもない。寺山はあのノートのなかに、時を巡って、次のような言葉を残している――


「家」は、時針であり、サーカスは秒針である。

六十進法の道化たちのスピリチュアル・ラリー。ともに見えない大きな時に属しているのだという

ことの不条理。（寺山 一九八三a、一三〇－一三一頁）

イメージ化される以前の時を示唆するのに寺山が残したこの言葉は謎めいているが、「見えない大きな時」を直接語ることが不可能な理由は、想像がつく。なぜなら言葉も、時という捉えがたいものを覆い隠す虚構だからである。時は、言葉とともに虚構を生成させながら、言葉の底に沈んでしまう。けれども、底に沈んだものが言葉の陰から顔を覗かすことがないとは限らない。そうした事柄に働きかけようと試みるのが詩人だとするならば、寺山はたしかに一人の詩人であったと私はいいたいと思う。

† 短歌——時に触れる言葉

《田園に死す》のなかに挟まれる短歌、いや正確にいえば《田園に死す》という虚構の発生源である根源的な虚構でもある短歌。

大工町寺町米町仏町老母買う町あらずやツバメよ(12)

たとえばこの短歌のなかに組み込まれた言葉は、情報的な意味では、きわめて乏しい。しかしながらこの歌は、「情報」という形態化されたものとは異なるものを私たちに体験させてくれる。それは「老母」と「買う」、あるいは「つばめ」との間の或る断絶として顔を覗かせている。それは、断じていずれかの言葉のイメージには回収されえない。むしろ単独の言葉として「老母」や「買う」、「つばめ」が語られたときのイメージを、変容させるものとして、この歌のなかに現象している。虚構を同一に保たず変容させるものとしての時とは、こうしたかたちでそっと私たちに訪れてくるものではないだろうか。

私は、最初に「とりあえず」という留保をつけて寺山を「詩人」として紹介した。彼は俳句、そして短歌という定型詩から出発している。こうした短詩の場合、もちこまれる言葉、そしてイメージそのものは、類型化へと流れがちだし、とくに俳句の場合、「季語」というカスタムもあって、詩人の自由裁量に任された言語空間は当然量的に狭まる。そんな条件のなかで、「月並み」への傾向を打破しようとするとき、異質なイメージを喚起する言葉同士を突き合わせる、シュルレアリスム的な傾向が要求されるのは必然であろう。言葉と言葉、虚構と虚構との結合が、当の言葉たち、虚構たちを変質させるとき、すなわち書き換えるとき、凡庸ならざるもの、すなわち個性が誕生しうるといえはしないだろうか。そうだとするとこうした変質、書き換えを可能ならしめるものとしての時は、詩人の「個性」の在所でもあることになるだろう。

一九五八年の処女詩集『空に本』につけられたノートで寺山は、様式は「ある深いひとつの共同性、諸々の魂のあるひとつの同胞性の外面的なあらわれにほかならない」というウラジミール・ウィドレーの言葉を引きながら（寺山 二〇〇七、三四頁）[13]、歌の伝統的な様式を本質的なものとみなすとともに、「私的な告白」を蔑んだと書きつけている。様式は、表立って現われる私的な「独創性」よりも、書き換えを要求する下絵的虚構として、時という「個性」の在所に近い。一見伝統主義に映るこの言葉は、むしろ「個性」の由来を感じ取った詩人・寺山修司の直観の表現であったように見える。

第六章　「神々の永遠の争い」を生きる

一　神々の永遠の争い

†技術の連鎖はどこまで続く

与えられた困難を人間の力で解決しようとして営まれるテクノロジーには、問題を自ら作り出し、それをまた新たな技術の開発によって解決しようとするというかたちで自己展開していく傾向が、本質的に宿っているように私には思われる。科学技術によって産み落とされた環境破壊が、それを取り戻すために、新たな技術を要請するといった事例は、およそ枚挙にいとまないし、感染防止のためのワクチンに対してウィルスが耐性を備えるようになり、新たな開発を強いられるといったことは、毎冬のように耳にする話である。東日本大震災の直後稼働を停止した浜岡原発に対して、中部電力が海抜二二メートルの防波堤を築くことによって、「安全審査」を受けようとしているというニュースに接したときも、同じ思いがリフレインするとともに、こうした展開にはたして終わりがあるのだろうかという気がした。技術開発の展開が無限に続くとは、たしかにいい切れない。次のステージになにが起こるのか、当の専門家自身が予測不可能なのだから、先のことは誰にも見えないというべきだろう。けれども科学技術の展開には、人間の営みでありながら、有無をいわせず人間をどこまでも牽引していく不気味なところがある。いったいそれはなんであり、世界と人間とのどういった関係に由来するのだろうか。

医療技術の発展は、たとえば不妊という状態を、技術的克服の課題とみなし、人工受精という技術を開発してきた。その一つ体外授精の場合、受精卵着床の確率を上げるために、排卵誘発剤を用い複数の卵子を採取し受精させたうえで子宮内に戻す、といったことが行なわれてきたが、これによって多胎妊娠の可能性も高くなった。多胎妊娠は、母体へのフィジカルな影響や出産後の経済的なことなど、さまざまな負担を患者に強いるため、現在は子宮内に戻す受精卵の数を制限するようになっている。だが、この制限によっても多胎の「リスク」は、自然妊娠の二倍と、なお完全にコントロールできたわけではないし、複数の受精卵からの選択、また選択されなかった「もの」の「処理」などの問題は、依然として残る。

† できることとすべきこと

いずれにせよ、こうした問題に関わる是非の判断は、技術そのものによって解決できる次元には属していない。体外授精に比してより身近に起こっている延命措置の問題。たとえば胃瘻《いろう》などは、マスコミもとりあげ関心を惹くようになったが、もはや自ら食事をとれなくなった老人に対して、胃に穴をあけるまでしなくても、鼻からチューブを通して直接栄養を胃に流し込むことは、かなり普通に行なわれている。このような措置が、ほんのその一部でしかない延命に関する技術の進展は、以前なら死んでいたはずの人間の生命を救済し、多数の療養型医療施設を生み出すに到っている。

しかしながら老齢の人間の生命をできるだけ長く引き伸ばすということは、可能性としては現代の医療技術から出てくるが、現実化すべきかどうかとなると、その判断は別なカテゴリーに属す。「できる」ということが、そのまま「すべき」にならないのは、核爆弾の技術をもつことが、その使用を是認することにならないのと一般である。テクネー（τέχνη）である技術は、ドイツ語 Kunst の語源が示す通り、「できること（können）」の世界に属すものであって、「すべきこと（sollen）」とは区別されねばならない。

テクノロジーは、本質的に「一定の条件が与えられたときに、それに応じた結果が生ずる」という知識の集合体である。すなわち、「どうすればできるのか」についての知識、ハウ・トゥーの知識だといってよい。それは、結果として出てくるものが望ましいかどうかに関する知識、それを統御する目的に関する知識ではないし、またそれとは無縁でなければならない。その限りのところでは、テクノロジーは、ニュートラルな道具だと、いえなくもない。ところが、こうして「すべきこと」から離れているところに、それが単なる道具としてニュートラルなものに留まりえない理由もある。

† テクノロジーに放擲された人間

テクノロジーは、実行の可能性を示すところまで人間を導くだけで、そこに行為者としての人間を放擲《ほうてき》するのであり、放擲された人間は、かつてはなしえなかったがゆえに、問われることもなかった問題に、しかも決断せざるをえない行為者として直面する。

妊婦の血液検査によって胎児の染色体異常を発見する技術には、そのまま妊娠を続けるべきか、中絶すべきかという判断の是非を決めることはできないが、その技術と出会い行使した妊婦は、いずれかを選び取らざるをえない。いわゆる「新型出生前診断」が二〇一三年四月に導入されて以来一年の間に、追加の羊水検査で異常が認められた妊婦の九七%が中絶を選んだという。

療養型医療施設における胃瘻や経管栄養が前提としている生命の可能な限りの延長は、否定しがたいものだし、それを入所条件として掲げる施設があることも、私自身経験して知っている。だが、飢えて死んでいく子供たちが世界に数えきれないほど存在している現実を前にするならば、自ら食事をとることができなくなった老人の生命を、公的資金の投入まで行なって維持していくことが、社会的正義にかなうかどうか、少なくとも私自身は躊躇なく判断することができない。

† 実践的判断基準の虚構性

ここで判断の是非を問題にしようというのでは、もちろんないし、選択的妊娠中絶の問題一つをとってみても、最終的な決定基準があるなどとは思えない。むしろ肯定・否定を問わず、いかなる論理をもってきても、それを基礎づけるものが欠けていること、そういう意味で実践的判断が虚構的なものでしかないことは明らかだと、私は考えている。

たとえば現世代の化石燃料の消費を将来世代への責任《レスポンシビリティー》によって制限しようとする論理は、物語としては理解できるが、現在存在しないものに対する責任など、応答《レスポンス》の相手がいないという点で、想像力の産物でしかないといわざるをえない。同じ想像力を別方向に向ければ、そもそも人類の存続などといったことが、この生物種に宿る尊大な欲望でしかなく、人類が、他の生物種から天然痘や梅毒のように根絶を祈願されたとしても、かかる人類殲滅《せんめつ》の野望は、人間がこれら己れの敵に対してもっている憎悪と、本質的には寸分の違いもないといいうるだろう。その他倫理的基準なるものを支えているとされる概念、たとえば「個人の意思」や「社会的コンセンサス」などが、その美名にもかかわらず、虚構性をもっていることは、少しく考えてみれば明らかである。主体となる「個人」など、確固としたものであるはずがなく、その判断が、時と場合によって、いかに動揺し変化するかは、誰しもが経験することであり、そもそも「個人の意思」を書面で残して「意思表明」とするということ自体、かかる「意思」なるものの可変性をまざまざと表わしている。また「コンセンサス」づくりの「公聴会」なるものが権力関係の追認でしかないことは、私たち自身、いやというほど繰り返し経験していることではなかろうか。

† 強いられる虚構産出

だが、行為を導くものの虚構性の指摘が、それに従っている人間の愚かさの摘発に留まるならば、それはほとんど意味もないことだろう。前章で寺山修司を通して考えてみたように、虚構とは、むしろ人間の行為、いや生全体に不可避的に関わるものである。人間は、虚構とともに生きる、あるいは虚構を紡ぎ出すことによって己れを支えているといってもよい。問題は、テクノロジーの発展において、虚構のあり方が大きく変わったところにある。テクノロジーは、それまでできなかったことを可能にすることによって、人間が従来それに即して自らを律してきた虚構、しかもその虚構性が気づかれなかった虚構、すなわち神話を無効にさせ、もしくは変質を余儀なくさせた。それは、不可能であるがゆえにまったく判断の必要がなかった事態、「自然」に任すことができた状況を人為の範囲に落とし込み、これに呼応する新たな虚構の産出を強いるようになったのである。そういう意味でテクノロジーは、人間的生のあり方を、その根本のところから変えてしまう。

先の療養型医療施設でいえば、人生のさまざまな偶然事を超えて生きながらえた老人たちは、多くがそこへと収容され、家族から切り離されていく。そのことは、生きていくために介護を必要とする老人とそうした介護を十分提供できない家族との間に必然的に起こる出来事だが、そのことは、あたかもいつまでも死なないかのように扱われる老人はもちろん、家族のあり方も変えてしまう。かつて自宅で死を迎える彼らに家族が「立派に死になさい」と声もかけたという家族のエートス、死を巡る一つの神話は、もはや過去のものとなる。家族は死の影のない家庭でその日常を暮らし、週末だけ死にゆく父母、もしくは祖父母を郊外の施設に見舞う一方、老人は準備するまもなく突然命を落とす。今後、自らの生死に関わる「自己決定」を行なうはずの「自己」とは、こうして死の可能性を覆い隠された空間で作られる。死に対する態度という、重要とはいえ、人間のライフスタイルの一部をここでは挙げるにすぎないが、テクノロジーがこうして人の生き方を変えていっている点を鑑みるならば、科学技術を人間にとって善用も悪用も可能なニュートラルな道具とみなす考え方は、安易な夢想にすぎないといわねばなるまい。

† 「神々の永遠の争い」

このようにテクノロジーは、人間の力を拡大すると同時に、条件が与えられれば答えが出てくるという式では処理しえない次元の問題領域、それ自体最終解決などない領域をも一気に押し拡げ、その解決のための新たな虚構を産出させる、そうした歴史的現象である。テクノロジーの展開は、歴史的にいえば、近代化の過程でもある。それがもたらす人間能力の拡大と未知の実践的問題の出現という事態は、人間的行為の地盤を流動化させずにはおかないものであった。本質的には、それ自体虚構的なものであったとしても、かつて安定していた行為の指針は、近代化・テクノロジー化とともに、実際にも激しく変動してきたのであり、それに代わる形で多様な神話的虚構が産出されることも同時に起こった。本書各章が示してきたように、日本近代精神史にも、高橋由一《ゆいち》や浅井忠《ちゅう》を包んでいた国家もしくは「家」という「空気」の変質から始まる、その跡がまざまざと刻まれている。そのような痕跡を辿るならば、たとえば個人主義やナショナリズム、コミュニズムなどに具象化されたそれらが、互いに覇権を争い合ってきたことがわかるし、その争いは、大小さまざまなかたちで、今もなお続いている。

本章冒頭の浜岡原発再稼働へと向けて中部電力が掲げた「エネルギーの安定供給」は、現在の政財界も、またそれを支えている市民層も思い描いている消費社会のイメージに資するものだろうが、これも一つの虚構でしかないことには、別な可能性として提案される「持続可能な《サステイナブル》社会」の理想の場合と同様、疑いを入れない。かつて科学技術による人間的生の変化を「脱魔術化（Entzauberung）」と規定したマックス・ウェーバーが、その結果生ずる価値観・世界観の競合状態を指していった「神々の永遠の争い」は、今も私たちの根本的状況である。

二　有用性の蝕のなかの人間

† 科学技術時代の「知的誠実さ」

ウェーバーによれば、ルネッサンスまではヨーロッパに残っていた学問のイメージ、すなわち世界の究極的な意味の獲得を目指す知のイメージは、もはや過去のものとなり、むしろそうした「意味」といったものへの信仰を除き去る経験科学へと学問は変貌した。

そうした「脱魔術化」の時代において、経験科学となった自然科学は「もし生を技術的に支配したいと思うならば、どうすべきか、という問いに対しては、答えを与えてくれる。ところが、人生を技術的に支配すべきかどうか、支配しようとするかどうか、という問いに対して、また支配することが、そもそも意味あることになるかどうかという問いに対しては、まったくほったらかしにしているか、あるいは己れの目的として前提しているだけである」（Weber 1988, S.599f.）——そうウェーバーはいう。

一九一九年、すなわち「二十世紀の神話」を語るナチズムが政治の表舞台に登場するより十年あまり前、テクノロジーが生み出した生の地盤としての虚構の競合状態の到来を察知していたウェーバーは、「体験」という言葉とともに己れの虚構を教壇から「本物の教え」として語る教師たちを警戒しつつ、事実問題と価値問題とを混同しない「知的誠実さ（die intellektuelle Rechtschaffenheit）」（Weber 1988, S.601, 613）をもつよう訴えたが、この「誠実さ」、すなわち「事柄《ザッヘ》」に就くというだけで、はたして今日の「神々の争い」の時代を生きるのに充分かどうか、私には疑わしく思える。

ウェーバー自身いっているように、多様な価値観としての「神々」が「一致しがたく、それゆえ調停しがたく争い合っていること」、にもかかわらず「いずれかを己れのものとして決定しなければならないこと」（Weber 1988, S.608）が現代の根本的な事実だとすると、「知的誠実さ」といえども、「神々」の内の誰かと無縁ではありえないはずであり、そのうえで己れの立場を「中立的なもの」と思い込んでいたとすれば、かえって支配的な虚構的神話の内に、しかも無自覚に取り込まれてしまっていることは、十分ありうると考えられるからである。いい換えれば価値から峻別された「事柄」なるものが「解釈以前の無垢な事実」として想定されているとするならば、そこでは自己自身が既にその内にある解釈図式、すなわち自己の生が依拠する虚構への反省的眼差しが希薄なものとなっているといわざるをえない。

「神々の永遠の争い」のなかの「知的誠実さ」があるとしたら、それは、事実と価値との区別に留まることなく、テクノロジーをその根本的な動向において捉えたうえで、それが、価値判断の主体たる私たちを、いかなる歴史的布置の内に置き入れているのか、さらにこの時代における「事実」とは、いったいなんであり、価値判断とともに不可避的に発生している虚構には、どのような可能性があるのかを、より徹底して考えてみるものでなければならない。ウェーバーのことは措くとしても、哲学に関わってきた者として私は私なりに同じ問題を考えてみたいし、それがまた実存的可能性としての「知的誠実さ」であろうと思うのである。

† 常識の内に沈殿する有用性の蝕

私が科学技術時代の根本動向を考える際にキーワードとするのは、序章で述べた通り、有用化の徹底とそれがもたらす有用性の蝕である。テクノロジーによってあらゆるものが有用化されれば、一切は己れの目的とされた別のものに付託されるが、この志向がすべてにわたる限りその連鎖に終わり／目的《テロス》はありえず、見かけ上「有用」に見えようとも、目的なき手段が考えられない限り、実のところ有用なものではなくなっている。有用化の徹底による有用性自体の解体もしくは空疎化が、「有用性の蝕」と名づけた事態である。

もちろんこの空疎化に、普通私たちは気づかない。私たちは、対象を有用なものとして使い続け、なんら意に介さない。こうした隠蔽が起こるのは、私たちが自分の使用行動にとっての「最終目的」の表象をどこかで措定していて、根本的な非有用性へと滑り落ちていく手段・目的の連鎖を任意にストップさせているからである。そのような「最終目的」は、ことさら明示されることはなく、身体的・感性的に刷り込まれていて自覚されることもないのだが、そうであればこそ、私たちの生の活動はスムーズに進行していく。人は、自分の行為が結局なんのためなのかなど、考えないものだ。「なぜ、そうするの？」、「だって、みんなそうしてるじゃないか」——その通りだ。「みんな」がそういうし、そうするからだ。

† ハイデガーのいう「ひと《ダス・マン》」

この匿名の行動原理は、『存在と時間』のハイデガーが「ひと《ダス・マン》」と呼んだものでもあるのだが、「非本来性」という用語と結びつけられたこの重要な概念は、この結びつきによって、ともするとその「対極」の「本来性」へと向けて克服されねばならないもの、したがって克服できるものだという受け取り方をされかねない。だが、「ひと」のあり方を脱した「本来的」生など、それこそ、一つのフィクションでしかない。おそらく、もっとも悪質なこのフィクション、「純粋」という病いに抗して、私はあえていう——私たちは「ひと」としてしか生きられない。ただし、そのことを、したがって「非本来的」であることを自覚できるし、それが「本来性」なのであり、それ以外にはない、と。

「みんな」がそうする——普通意識化されない、この生の原理は、時代時代によって変化していくものであり、本書各章が芸術家たちとの対話において、その具体相を見ようとしてきたものにほかならない。浅井忠の章の冒頭でいった「思想」などは、まさに彼がそれとともに、あるいはそれによって生きていた「みんな」なのである。高橋由一が油彩に賭けた情熱を支えた国家も、『白樺』派や岸田劉生が活かそうとした独創的個人も、そのような「みんな」という生の虚構の現われ方だったのであり、「みんな」に対して絶えず「主体」的に戦いを挑んだ岡本太郎も、そしてまた己れ自身の生を支えるものの虚構性にきわめて敏感であった寺山修司でさえも、彼らなりの時代の「みんな」から切り離されたものではありえなかったのであって、《田園に死す》のモチーフでいえば、「母」はどこまでもついてくる。母殺しは常に未遂に終わるのである。

†「常識」――神話中の神話

高度に科学技術化された今日も、当然そうした神話は働いている。インターネットなど、まさに「神々」の演技が催される舞台だ。もっともそこにしばしば登場するエキセントリックな神話など、オウム真理教のエンジニアたちを動機づけた不可思議な物語も含め、事実的被害のことは別にして、本当のところ恐ろしいものではない。というのも、ほとんどの「ひと」、つまり「普通のひと」は、これを相対化して見ることができるのだから。

むしろごく普通の「常識」こそ、無自覚に私たちを動かしているという意味で、「神話」中の「神話」だと私は思う。寺山が斜交《はすか》いに見ようとした「小市民生活」もそうだが、本章冒頭で見た医療技術を巡る実践的次元での判断において働いている「常識」なども、根拠なき虚構にすぎないのに、多くの人はそれを認め、そこから己れの行為を定めている。かくいう私自身もその一人であることを、私は否定しない。たとえば人間の生命は、かけがえのないもの、すなわち取り換えの効かない尊厳をもったものとして、こうした表象の役割を演じているのであり、医療技術はその維持のための手段として、この目的に連結される。しかしながら、その一方で、この技術が生命を物質的代謝過程の一つ、したがって原則的に交換可能なものとみなすことによって成立していることに、私たちはなんら疑念を抱いていないのであり、そうした前提に立って投薬だけでなく、移植手術まで受けたりする。私たちは、個人の尊厳を語り、その具体的現象としての「精神」に、個別性、したがって交換不可能性の論拠を求めたりするが、「精神なるもの」の独自性は、この技術の地平に取り込まれるや否や、電気的化学的な反応系として一般化され、その特殊性を奪取されてしまっている。そういう意味でも最終目的の表象は、自己欺瞞的なもの以外のなにものでもない。

† 道具化する「倫理」

けれども、科学技術という有用化の徹底がもたらす帰結として、もう一つ考えておかねばならないことがある。目的表象としての「常識」は実のところ、自らが表明的にその「目的」の位置を占めている有用性の連関のなかで一つの重要な役割を演じている。その役割とは、有用性の意味の空疎化を覆い隠し、その露呈を妨げるという働きであり、いってみれば「常識」は有用性の連鎖の維持のための一つの手段として役立たされているのである。そうした意味で「最終目的」の表象でありながら、それ自体手段化されているところに、この種の表象の最大の欺瞞《ぎまん》性があり、またその本質もある。

同じ本質は、実践的判断、換言すれば、「倫理的なもの」の道具化として現象する。医療研究機関をはじめ、多くの組織で、「倫理委員会」なるものが設置され、個別のケースに対応しうるようマニュアルが準備されているが、そうした過程を通じて「倫理的なもの」は、係争中の事柄を効率よく処理するための道具となる。テクノロジーの発展は、従来の「倫理的価値基準」では解決できないような事態を出現させたと、一般にいわれているが、私にいわせれば、この表現は、「倫理的なもの」という知の変容を考慮の外に置いている点で正しくない。テクノロジーは、倫理的なものを「基準」という一つの道具に、すなわ

図1　「聖主人のための機械」——寺山修司・天井桟敷《奴婢訓》より

ち、事態を計算に入れれば答えが出てくるといった形式の自動的な約束事に変えたのであり、そこに出現するのは、ウェーバーのいう「与えられた条件から出てくる結果についての知」となった科学と、本質的になにも変わらない。今日「倫理的なもの」とは、寺山《奴婢訓》になぞらえていえば、「聖主人のための機械」［図1］によって作り上げられた「主人」、すなわち主人なき世界、意味なき世界を維持するための道具に加工された一人の「奴婢」にほかならない。

ウェーバーの時代は、「倫理的なもの」や「価値的なもの」がなお「脱魔術化」されていなかった時代、「主人」がまだ「主人」であった時代だったといえるのかもしれない。しかしながら、それすらも道具化された時代、すなわち有用性の徹底化としてのテクノロジーの時代にあって、「知的誠実さ」の確保は、技術的事実的判断と価値判断もしくは倫理的判断との異質性を語るだけでは、後者の判断の根拠とされているものが、ひそかに有用性の連関維持のための手段となっている嫌疑が拭い去れない限り、不十分だといわざるをえないだろう。ならば「知的誠実さ」とは、どのような態度としてありうるのだろうか——この問いを引き受けるにあたっては、なによりも、現に起こっていることに目を凝らさねばならない。それは、有用性の自己解体において己れを示している事柄のことである。

三 「知られざるもの」が尺度となる

† 有用性の蝕の内に浮かび上がるもの

あらゆるものの有用化は、有用性そのものの空疎化を引き起こす。有用性は、科学技術的世界を構成する意味連関の中枢であり、この連関の内に現われるものは、これによって位置づけられるゆえ、有用性の徹底化は、世界のなかに現われるものの意味の喪失である。有用なものとして位置づけられ、その位置においで姿を現わしていたものたちは、今や己れを照らし出してきた光を失う。これが、「有用性の蝕」の状況であり、また有用性の空疎化を、とくに「蝕」という言葉で指す所以でもある。日蝕の際、月が太陽の光を遮断することによって、通常存在していながら、この光の強さによって見えることのない、たとえばコロナが姿を現わす。科学技術時代の世界を隈なく支配する有用性という光が遮られたとき、そこに広がる暗い空のなかに、私たちはなにを見るのだろうか。

有用性の蝕のなかに現われるのは、それまでテクノロジーによって「有用化」されてきたものたちと別なものであるはずがない。今やそれらは、なんらかの目的に方位づけられた手段という位置を根本のところで、失っている。しかしながらそれらは、有用性の光の消失のなかで、けっして無に帰してしまうわけではないのであって、なおなにものかとして存在している。もはや道具でないそれらとは、いったいなんなのだろうか。もちろん、役に立たないという意味で有用でないもの、もしくは反有用なもの・有害なものではない。もしもそうであるならば、それらは、なお有用性の地平に位置づけられてしまっているのだから。むしろ当のものは、この地平から逸脱もしくは脱落したもの、いってみれば非‐有用なものとなっているのであり、たとえ有用性の見かけをもっていたとしても、その背後に別ななにものかを潜めたものとしてなお現前している。科学技術化の徹底化の果てに現われるこうした存在者とはなにか、それが浮かび上がる場所とはいかなる空間なのか、そしてそこに私たちはどのように住めばいいのか——本書が最後に辿り着く問いはこれである。

† テクノロジーと造形芸術

この問いを考えるための手がかりを、私は二十世紀以後の造形芸術に求めたいと思う。その理由はいくつかあるが、なによりもまず、芸術が科学技術と同じく作ることの一つであることが挙げられる。だがそれだけではない。芸術は有用性の支配とともにあるテクノロジーと異なり、これとのずれをもってきたのであり、そのずれは、序章でも言及した「芸術のための芸術」という近代的な芸術理解に、有用性排除という極端な形となって現われている。もっとも、この反転的理解は、有用性の支配の裏返しである可能性も高く、「自己目的」的であるはずの芸術作品が、展示を通して一種の「美的財」とでもいったもの、すなわち集客に役立つ道具に変貌し、マネジメントの対象になることを思い合せれば、造形芸術が有用性の徹底化の運命から自由でないことを、かえって証していると考えられる。以上要するに、テクノロジーの支配を考えるため、その支配の下にありながらも、同時にずれの可能性をあわせもつテクネーとして、造形芸術に手がかりを求める次第である。

ここでとくに造形芸術に基本的に限定することにも、付言しておくならば、テクノロジーと同様、物質的な存在者に関わることに加えて、造形芸術ではない芸術、たとえば文学ほどには、意味的表現に呪縛されていないという点も注目すべきだろう。有用性の蝕が、現代世界の意味連関の自己解体とでもいうべき出来事であることを、私は念頭に浮かべている。

† 民芸運動とモダニズム

二十世紀の芸術といいながら、まず手がかりを求めるのは、一見復古主義的に見える民芸運動だが、第一章にも登場したこの運動の指導者・柳宗悦《やなぎむねよし》が民衆的工芸の基本性格を「用即美」に認めたことは、有用性の展開という近代化の流れにこの運動が棹さしていたことを示している。彼は、一人の天才的個人が創作する美術作品に対立させるかたちで、無名の職人の手によって生み出され生活に供される日常の道具に、より高い美を見出し、用、すなわち役に立つことがそのまま美しいと主張した。彼が称揚した民芸品は、いうまでもなく過去の手仕事による産物であるし、彼自身は、プロダクト・デザインの道に進んだ息子・柳宗理《そうり》と異なり、機械工芸を病的なものとみなしていた。しかしながら、そうした点に見られる柳の「反近代性」は、単に見かけ上のことにすぎず、彼はまちがいなくモダニズムの空気を呼吸していた。柳の最初の大きな工芸論『工芸の道』が単行本として出版されたのは、一九二八年。建築上のモダニズムの指導者であり東京大学安田講堂設計者としても知られる岸田日出刀《ひでと》の『過去の構成』が翌年公刊される。歴史的同時代性のみならず「用即美」は、そのまま機能美へと向かうモダニズムの志向と重なる。たとえば柳は、民芸美の基本特徴の一つとして「無地の美」を挙げ、華美な装飾性を嫌ったが、それは、ブルーノ・タウトが日光東照宮に対して見せた審美的姿勢と同質のものだったといってよい。

だがそのことは、なお表面的な事柄に留まる。むしろゴッホやゴーギャンを天才として賛美していた『白樺』時代の柳自身が、一九二〇年代から三〇年代にかけて民芸運動を組織していくにつれて、国家やその基礎となる家共同体をはるかに凌駕する目的として、かつて武者小路実篤《むしやのこうじさねあつ》らとともに想定していた「自己」もしくは「個性」を否定し、伝統に従い無作為の反復的制作に勤しむ工人を理想化するところに、より深い時代の変化であるテクノロジーの展開、すなわち有用性の蝕の進行が見られる。なぜなら彼の変化は、目的とされていた「自己」が一つの手段へと転化することを意味しているからであり、さらにまた「用即美」とは、角度を変えれば、最終的に到達すべき目的としての美的形象の不在と読み替えることもできるからである。彼の思い描く理想の民芸職人が創意工夫をもたず手仕事ながら機械的作業のような製作を繰り返すロボットの如き存在と批判されたのも（出川 一九八八、参照）、このような柳の立ち位置を示唆しているといえる。

† 物質への志向

ゴッホの作品を「人格」の表現（柳、一巻、五四七頁）としていた柳宗悦が、表現すべき目的としてのそうした美的形象を喪失した後、つまりは用を徹底化していった後、それに代わって現われてきたのは、物質的素材である。「器が材料を選ぶと云うよりも、材料が器を招くとこそ云うべき」（柳、八巻、八頁）であり、「凡ての形も、模様も、原料に招かれる」（柳、八巻、二〇頁）。柳は材料を「自然の意志の現われ」（柳、八巻、二二頁）といった具合に神格化を施しさえする。それは、第一章で見た岸田劉生のリアリズムにも憑《と》りついていた形而上学の残響であるが、用の徹底化としての民芸の美は、劉生の志向をなぞるかのように、物質性に到り着く。すなわち民芸品は、なんらかの美的理念の「表現」ではなく、いってみればただの「もの」として現前する点に、その存在の強さを示す。そうだとすると、有用性の蝕のなかに現われるものとはなにかという問いに対して、ただの「もの」だと答えることは、少なくとも一つの可能性だといえよう。

† 馴致されざる「もの」

もちろん、ただの「もの」という言い方は、付言を要する。というのも私たちにとって、ただの「もの」をただの「もの」として見ることは、きわめて困難だからである。私たちの経験は、絶えずなんらかの意味連関に沿った理解として進行するのであり、生《なま》の感性的所与などは、まずもってあとからの理論的反省によって構想された抽象的産物にすぎず、したがって実際のところは皮肉にも観念的存在に留まる。

鉄に限らず、往々にして物質性が強く感じられるものほど、実のところ、人間の観念によって凝《かた》められたものを指す場合が多い。物質の非人間性、反自然性は、まさに一方的に世界を対象化へと仕向けるという近代特有の、意識の孤立した体系の産物であることに由来する（李 二〇〇〇、一六四頁、ルビ筆者）

——すぐ後で扱う李禹煥《リ・ウーファン》は、いわゆる「物質的なもの」の観念的性格を、このように表現している。上記のように柳は「材料」という概念を使っているが、意味表現を支える物質的素材もまた同様の存在性格をもつのであり、それによって名指されんとしたものは、「素材」という「意味」の内で既に一個の観念に加工されてしまっている。西洋の哲学史のなかで「素材／質料（materia）」は、「形相（forma）」の下に、いってみれば、打ちひしがれてきたのであり、新プラトン主義の「無形の質料」のように世界の最下層に置かれることすらあったが、そのことは、むしろこの事柄が、形相もしくはイデアと結びつくロゴスに対して、常に逆らいこれによる統御を逃れていくことが意識されていたからではなかろうか。西洋哲学の水源地にパルメニデスは、「有らぬものが有る」などとは「証明」できない、という碑文を建立した。それが命ずるところに従えば、ロゴスに現われるのは存在者であって、ロゴスによって「証明／馴致《ダマゼイン》」されぬものは、非存在者として存在者の世界の外部に追放されねばならない。

　こうした事情を鑑みれば、有用性の蝕のなかに現われるのが、ただの「もの」であるという答えは、見かけのように単純であるどころか、私たちが改めて考えてみるべき事柄を含んでいるといわねばならない。有用性の蝕が、有用性という科学技術世界の意味連関の枢軸に起こった空疎化の現象であり、それによって有用性の支配から半ば解き放たれて出現している「ただのもの」とは、思考に不可避的に付きまとう意味の剥落もしくは割れ目を示唆するものとして、謎めいている。「ただのもの」の謎に接近するために、柳宗悦を手がかりにしてきたが、彼および彼の趣味とは、まったく違った方位に、さらにこの謎を考えるためのもう一つ別な手がかりをとってみたいと思う(1)。

† 具体美術協会と「もの」派

「具体美術は物質を変貌しない。具体美術は物質に生命を与えるものだ。具体美術は物質を偽らない」

（吉原　一九五六、二〇二頁）――これは、一九五四年に結成された具体美術協会のリーダー・吉原治良《じろう》が掲げた「具体美術宣言」のなかの言葉である。少なくとも言葉の上で柳の材料美と相通ずるこの理念のもとで、「爆弾絵画」の嶋本昭三は、ガラス瓶に絵具を詰めてキャンバスに叩き付け、村上三郎は紙が貼られた木枠を自らの身体とともに突き破り、白髪《しらが》一雄は天井から吊るされた縄につかまって、自らの足で大量の絵具をこね回した［図2、3、4］。ここには、物質を超えたなにか、たとえば表現された精神などない。「物質は物質のままでその特質を露呈したとき物語りをはじめ」る。物質に向かい合う「制作者」は、この「物語り」に聞き入るだけだ。

図２　嶋本昭三の「爆弾絵画」

具体美術協会より少し遅れて一九七〇年頃活動した「もの」派に目を向けると、とくにその中心人物・李禹煥の言説によって、科学技術時代の根本動向への批判と絡めたかたちで、物質性への志向を理解することができる。李は、人間的認識表象によって、その対象と化してしまった近代化以後の世界から「もの」を解放し、対象化以前の「鮮やかな現実」を取り戻そうとする意図をもって、『出会いを求めて――新しい芸術のはじまりに』の著述に就く。

> 問題は、対象観念そのものを解体し、むしろ意識の自己限定をして、現実の形相の上でそのまま非対象的世界を、いかに開示しどう知覚の地平に解き放すかにあろう。（李　一九七四、五頁）

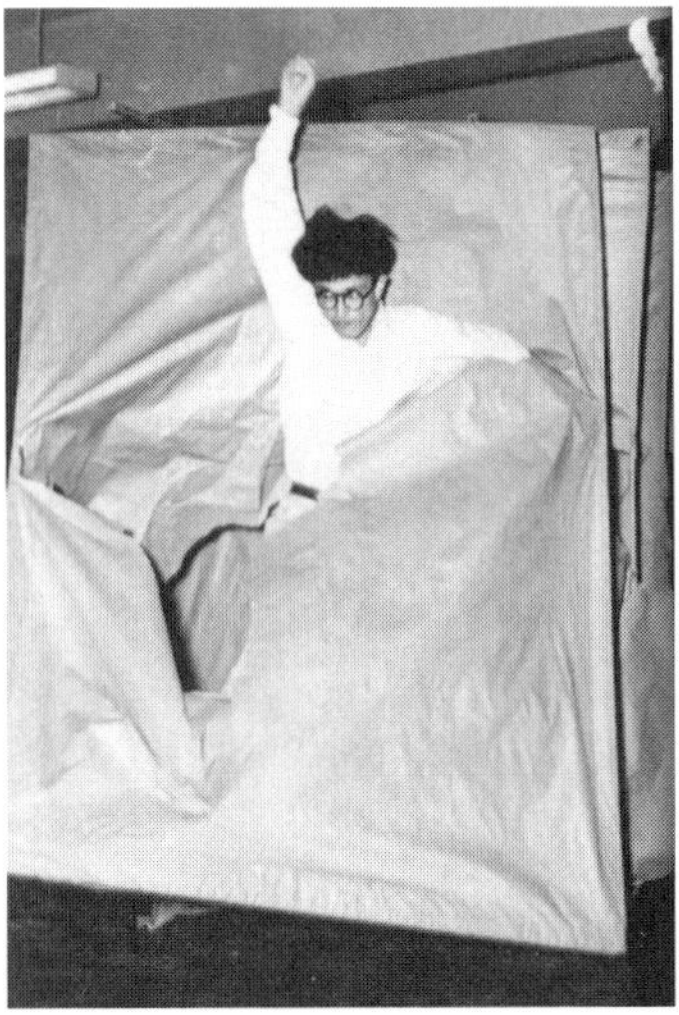

図３　村上三郎《通過》(1956年)

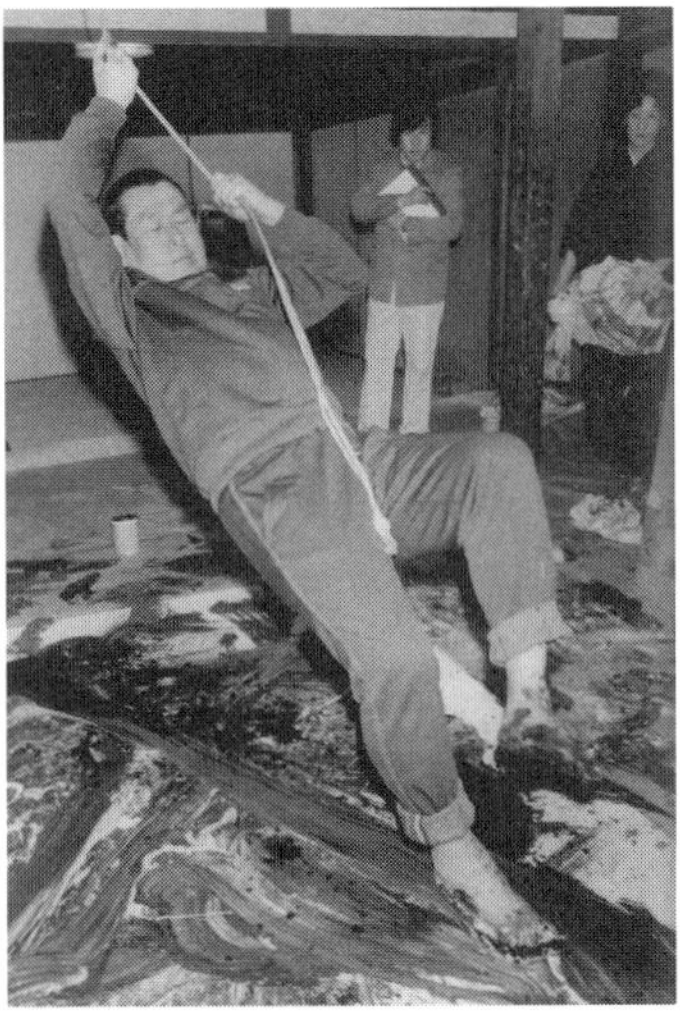

図４　白髪一雄・足で絵具をこねる

李は、「出会い」と名づけるこの解放作業を、たとえば関根伸夫の制作に見る。

公園のとある広場で延々と大地を掘り起し、それを近くの地上に掘った型通りに積み上げるという行い。掘っては積み上げ、掘っては積み上げる。何日も何日も、このまるで子供じみた滑稽でナンセンスな反復は続けられ、そうして、巨大な凹凸の円筒を出現させて……、彼の仕草は終わる。[図５]

そして李は、このパフォーマンスを次のように評価する――

彼の仕草は、大地を大地にしたに過ぎず、なに一つ付け加えることもなく、へらすこともしていない。ただ大地を大地にすること、つまりは大地を世界のありようのなかへと開示する行い

として仕草がもよおされただけである。（李 一九七四、一二五頁）

関根の「子供じみた滑稽でナンセンスな反復」は、「作り手の支配・所有意識によって抽象化し表象物にして情報化しようとする対象主義的思考」（李 一九七四、一〇頁）の対極に位置する。有用性に基づく世界の意味連関の構築が、所有意識・支配意識と緊密に結びついているものだとすると、柳のいう反復的制作とともに、関根のパフォーマンスもまた、有用性の蝕への一つの呼応といえるだろう。

図5　関根伸夫《位相－大地》(1968年)

†「もの」がある場所

もしもこうして辿ってみた現代芸術とのアナロジーが当たっているとするならば、有用性の蝕という現象について、さらに少しばかり思考の歩みを進めることができるのではないか、と私は考えるのであり、それを挙げることによって、本章、そして本書を閉じようと思う。

吉原治良がいう「物質」であれ、李禹煥が関根伸夫に見た「大地」であれ、ともに意味化を拒絶するゆえ、李の言葉でいえば、「人間的観念」を受けつけないゆえ、述語づけされえない「ただのもの」である。それは、意味の平面から退去するこ

図6　関根伸夫《空想－油土》(1969年)

とを、まずもって根本的な性格として備えている。しかしながら、それは存在しているのであって、無ではない。それどころか、或る拒絶されがたいリアリティーをもって現前している。意味化が人間の側の作用だとするならば、意味化されないということ自体が、人間の働きかけを凌駕する圧倒的な力の存在を示しているのであり、それが吉原のいう「物質の物語り」であり、李のいう「現実」なのだ。

ならばこの「現実」の「現実性」、ただの「もの」が、そうした圧倒的な力をもって現われ出ている場所とはなにか。それは、有用性に代表される意味連関とは、もちろん異なる。すなわちそれは、私たちが観念として所有している意味の世界に、あるいは私たちの思考の構造に、還元されうるものではない。ただの「もの」のリアリティーを経験するとき、私たちは、「観念」という「内」なる連関から出て、「もの」が現われている場所に既に立っている。李が「世界」とも呼ぶその場所は、人間が投げかける意味の網が拡がる「以前」の「開け」であり、そこに立つことは、かの芸術家たちのパフォーマンスが示したように身体的出来事である。「親しさの美」を語った柳は、視覚的鑑賞に傾く美術的工芸から民芸を区別したが、道具に親しむことは、文字通りそれが手に着き身に着くという現象だ。「もの」との関わりには触覚はもちろん、嗅覚も重要な役割を演ずる。関根の油土《ゆど》を使ったパフォーマンス［図6］において、その進行とともに油土のきつい臭いが空間を満たしていったことを李は記述している。柳がその改革をこころみた茶会では、触覚、嗅覚に加え、もちろん味覚も働くし、湯の沸く音も空間を充たす（Vgl. Itō 2014）。

†「触覚的《タクティール》」な空間

しかしながら多様な知覚の解放だけが、出会いという出来事によって示されるところではない。出会いの身体性は、視覚に優位を置いてきた美的態度そのものの変更を促す。視覚は、見る者と見られるものとの距離、並びに前者の優位を含意している。絵画を鑑賞する視線は、こちら側に留まる鑑賞者から発せられ、対象として向こう側に立つ絵画に向けられるものであり、こうした距離感は、ホワイト・キューブ化された展示空間だけでなく、映画館や劇場において、スクリーンや舞台と観客席というかたちでもっと明瞭に構造化されている。

それに対して身体的な出来事としての出会いにおいては、視覚空間的な対峙が崩落し、私たちは、油土の臭いの内に、あるいは茶室を吹き抜ける風の内に、すなわち「もの」とともに開かれた世界の内に、包まれる。吉原治良の引用にも見られる「物質」の方からの語りかけといった、いい回しは、ともすると単なる擬人的な比喩に陥りかねないが、「もの」と出会う人間の態度に現われる空間経験は、建築物を例にとり、外部の定点からこれをパースペクティヴ的に眺める経験から区別して、そのなかに入り込み、この内部空間を享受していく態度に現われるものを取り上げてみれば、より具体的にイメージできよう。

これら二つの経験のあり方は、かつてワルター・ベンヤミンが「視覚的（optisch）・触覚的（taktil）」

という形容詞のもとで区別したものだが（Benjamin 1974, S.504-505）、「もの」とともにある「触覚的」な空間は、「視覚的」な空間よりも始原的である。前者は、人間の身体運動と結びついて変化していくが、それを一定の地点で止めたときに初めて、後者は生成する。停止の根拠は、全体をよりよく見渡すといったあたりに措定されるが、創造主としての神の視座を模倣した、そういったパースペクティヴは、絶えず見えない部分を含んで推移していく私たちの眼差しのリアリズムからすると、後から構成されたものと考えるべきだろう。

† 共在の空間

「触覚的」な空間は、寺山修司が市街劇や密室劇で開こうとしたものでもある。というのもそこでは、舞台やスクリーンと観客席という物理的区別が取り払われ、観客は、庇護されていたカプセルから引きずり出されて、演技者が働く空間に曝け出されるからである。観る者・観られる者の区別は、ここに消え失せる。たとえばアルンヘンで催された《人力飛行機ソロモン》は、残っている数少ない市街劇の動画記録の一つだが、そこに映し出された一つのシーンでは、散歩者が犬を連れた俳優に「お父さん、どうしてあなたは自分の息子を認めないの？」と語りかけられ、あまりの唐突さに動揺しながら会話のなかに引きずり込まれる。それをビデオで見ている私は、もちろんなお「視覚的」な空間にいるほかないのだが、働きかけられ、なんらかの応答を返す、まさにアクティヴな世界がこのとき散歩者を包んでいたことは追想できる。市街劇は、すべての過程を一望するポイントを許さない。それを企画した寺山自身も、そういった視点を自覚的に放棄していた。だがこの放棄は、単独者だった観る者が働く者へと戻ると同時に、同じく働く者たちと同じ平面に立つこと、共同の世界に解放されることを可能にする。私たちは孤独な主観であることをやめ、共に「もの」と関わる人々を傍らに感ずる。個々のパフォーマンスは、必ずしも面白いとはいえないにしても、寺山の試みは、私たちを根強いカスタムから解き放つ方向性を示唆している。

一定点から「作品」を眺めるこのカスタムは、たとえば龍安寺の石庭を「鑑賞」する態度にも現われ、十五個すべての石を同時に眺める点がないといった「問題」を生み出す。けれども、すべての石を観ようというのなら、答えは簡単だ。私たち自身が動けばよい。止まってすべてを眼差しに取り込む態度の方が、上述のように構成されたものなのだ。私たちがもとから生きている態度に帰れば、石はすべて簡単に見えるし、同時に、座って顔をしかめ、なにかを「瞑想」していた単独者の殻も破ることができる。こうして改めて立つ共在の平面は、第一章末尾で見た岸田劉生の「デロリズム」、すなわち日常的生の再発見の地平とまちがいなくつながっている。

† 時としての場所

建築や庭園を、観られる対象ではなく、そのなかを動くものだと考えてみたとき、私たちは視覚の優位から解放されるだけでなく、この優位によって覆われていた「もの」が現われている場の基本性格が時に関わることに気づく。いうまでもなく動くことは、時のなかで起こるし、本質的に見えない時というものを可視化することだからだ。ベンヤミンのいう建築空間の「触覚的」経験は、私たちの身体運動とともに現象するものだし、嶋本の「爆弾絵画」であれ、村上の《通過》であれ、関根の《位相-大地》であれ、「出会い」はすべて時のなかでの出来事だ。

前章で寺山を通して見た虚構が生成消滅する場所でもある時とは、もちろん過去から未来へ直線的に進行していく計測可能な時間ではない。そのような時間は、空間の場合を模していえば、「視覚」化された時であり、それを計測している者は、時の外部に視座を設定してしまっている。「もの」との出会いがそこで起こる時とは、出会う者がその内にあって接触している、文字通り「触覚的」な時なのである。そうした時は、流れはしない。それは「出会い」のかたちで開かれる。しかも通常の意味での「時間」のなかでは、おそらく瞬間的に開かれ、そして閉じられていく。

図７　クリスト・ヤバシェフ《梱包されたライヒスターク》(1995年, ベルリン)

† 作品と時

私たちは美術館において、具体美術協会や「もの」派の「作品」の展示を「見る」が、写真としてしか残っていない《通過》や《位相－大地》だけでなく、タブローとして壁にかけられている白髪の《無題》もまた、「出会い」の痕跡でしかなく、私たちはそれを手がかりに、かの場所を追想するだけである。「作品」はもはや過ぎ去ったのだ。

そのことは、作品というものを固定した結果として捉える習慣から解き放たれる必要を、私たちに告げている。「作品《ワーク》」とは、石ころのように目の前にあるのではなく、本当のところ働き《エルゴン》なのであって、たとえばクリスト・ヤバシェフが、その作品［図7］をアース・ワークと呼んだように、本質的にプロセスであり運動なのだ。「純粋」な場の開けでの「純粋」な「もの」との出会いというイメージは、岡本太郎と寺山修司の対比で考えてみたように、これまた一つの神話にほかならない。そもそも「出会い」は一つの虚構の産出である。ただしそこに生まれる虚構が、自己を実体化せず、己れの虚構性を自覚したものであれば、自らが生み出したものの無底性に、すなわち場所としての時に開かれてある。そういう意味で「出会い」としての作品は、本質的に時的なのである。こうして私たちは第一章の始まりで掲げた問いの一つ、「完成」といった概念と結びつくことによって「超時間的」な見かけを与えられた芸術作品の存在性格への問いに答える地点に到達するのである。

†「痕跡」としての作品

「働き」としての作品に対して、「不動」の完成体の外観を呈したもの、つまり通常私たちが「作品」と呼ぶものは、真の意味での「出会い」としての「作品《ワーク》」の痕跡であり、さらにその積み重なりとしての歴史でしかない。「痕跡」とはいえ、もちろんそれはネガティヴなものではない。それは新たな「出会い」を、すなわち新たな「作品《ワーク》」を生み出す機縁となりうる。したがって「痕跡」としての「作品」は、時への入り口の可能性を孕んだもの、見えることのない時がそこから私たちに訪れる「移行」の場所だということができる。「痕跡」は、そういう意味で「移し替えること《メタペレイン》」が起こる場所なのであり、寺山修司が好んで過去を「比喩《メタファー》」と呼んだ所以は、オスワルド・シュペングラー、もしくはゲーテといったこの常套句の引用元とは別個に、おそらくここらあたりにある。

前章で着目した「書き換え」は、ここでいう「出会い」の喚起の作業となるが、原理的に終わりをもたないそれが目指すところ、「移し替え」ていくところは、ほかならぬ時なのだということになろう。それゆえ、「過去は一切比喩にすぎない」と寺山が引用するとき、「比喩」が、指し示す場所もまた、同じく時ということになる――これは、私なりの寺山という「過去」の書き換え《アダプテーション》でもあるのだが。

† 「追想」としての「出会い」

「痕跡」としての作品に潜む「出会い」の扉を開くか否かは、いかにこれに対するのか、いかにかの場所に向かって「追想」するのかに、かかっている。物体としての「作品」があったとしても、私たちが「出会」わなければ、それはなにものでもない。ゴッホの《ひまわり》が「物体」として向こうにあって、「主観」としての私たちがこれを「対象」として「鑑賞」するのではない。《ひまわり》は「出来事」としてのみ現われうる。それゆえ物体としての作品《ひまわり》がそこになかったとしても、「出会い」は可能だ。岸田劉生は、輸入雑誌からの切り抜きを展示した『白樺』派の展覧会で、ゴッホの作品の現実《エネルゲイア》と「出会」った。たとえ「本物」が日本にやってきたとしても、そこで無数になされる「鑑賞」の内いくつが、劉生の「出会い」に匹敵することだろう。

改めていう――「追想」は「出会い」の惹起である。それは「痕跡」として伝えられたものを繰り返し書き換えていく作業であり、そうして書き換えられたものを通して、通常の時間軸上では「再び」、本質的には「その都度初めて」、流れない時の場所が開かれ、「作品《であい》」が現出する。

† 虚構と時

ただの「もの」とそれが浮かび上がる時の場所は、有用性の連関が通常機能しているときは、これによって隠されていて、この連関の裂け目として現象するだけだ。さらに有用性の連関なしに、それとはまったく独立したかたちで場所が開かれることもない。虚構から自由な主体を想定すること自体一つの虚構であることを、寺山を通過した目には否定することができない。岡本のあの御嶽《うたき》であれ、「なにもない」広場をクバの森のなかに開くという意味で、たとえ些細な働きであったとはいえ、作ることの結果である。テクノロジーなしに私たちの生物学的生存がありえないという事実以前に、いってみればアプリオリに、私たちはものを作り役立てる存在であり、有用性の連関は、虚構の無限の連鎖として、そもそも私たちの存在に不可分に属している。

有用性は、手段を目的へと方位づけることであり、一般的に意味作用だといってもよい（ここでは、有用性と一般的意味のいずれが根源的であるかは問わない）。ただの「もの」の場所としての時は、意味という方向づけとともに、ただしこれに隠されるかたちで、既にある。人間が不可避的に紡ぎ出す虚構は、時を覆い、しかしその内に浮かび上がる。虚構産出の行為もその必然性も時という場所を離れてはない。したがって虚構というかたちで方位づけがなされる時は、かの「神々の争い」が争われる場所でもあって、それは、ウェーバーがいった現代の「根本的事実」のさらに根底の「事実」だというべきだろう。

そうだとすると、いわば「原事実」たるこの場所から、私たちはかの「争い」の内に生きるなんらかの指示を得ることができないだろうか。生きることが虚構産出だとするならば、私たちは、「正しい」虚構、もしくは「真なる」虚構がありうるのか、競合する虚構を計る尺度はあるのかという問いに逢着する。これは本書が各章で、日本の近代化・科学技術化のなかの芸術と生のありようを巡って、繰り返し立ててきた問いでもある。

†「知られたもの」を「知られざるもの」によって測る

虚構でありながら真正でもあるという、求められたもののイメージが示す通り、岡倉天心や浅井忠について考えてきたことがその可能性を否定しなかったとはいえ、この問いに対する答えが、たやすくえられるものでないことは、明らかだ。

「有用性の蝕」をはじめ、私のここでの思考を導いているのは、私のなかでかなりデフォルメされているとはいえ、先にも「ひと」の概念をもって言及したハイデガーが残した思索であり、私が取り出してきた原事実としての時とは、彼が『存在と時間』における「存在の意味としての時間」から「存在の空け開け」に到るまで一貫して考え続けた事柄と同じだと、私自身は考えている。(2) 晩年の論考「建てる・住まう・考える」においてハイデガーは、同じ事柄、この論考のいい方に倣うなら、「方域を統べる一なるもの（Einfalt des Gevierts）」から指示を受け取り、これを守る建築物の典型として、シュヴァルツヴァルトの農家を挙げたが（Heidegger 1978, S.155）、それはあくまで、原事実としての時に対する人間の過去のあり方を示すミュトス的形象にすぎず、もはや取り戻すことができないものであることも、彼自身は自覚していた。彼は同じ論文で、「建てること」の「真正さ（Echtheit）」に言及しながらも（Heidegger 1978, S.153）、その具体的「基準」は示していない。それもまた当然のことで、ハイデガーの発想からして、そもそものような意味での尺度、すなわち既に「知られたもの（Bekanntes）」に即して「知られざるもの（Unbekanntes）」を測定するという意味での尺度を求めること自体、超越的なもの・普遍的なものに個別的なものを取り集めていくという意味で、一個の形而上学として批判さるべきものでしかない。本来の尺度とは、彼自身いっているように、それ自体「知られざるもの」であるほかないのであり（Heidegger 1978, S.191）、それは先述のように道具化された倫理のあり方、すなわち既に一般化固定化された基準によって個別的事例を判定するという尺度のあり方と対極に位置する。

†漱石――「淋しい自己」のありか

しかしながら、「知られざるもの」としての尺度、つまり「既に知られているもの」が「知られざるもの」によって「計られる」というのは、いったいどういう事態なのだろうか。一見矛盾して見える「知られざるもの」としての尺度とは、荒唐無稽なものではけっしてない。なるほど私たちは、差し当たり既定の尺度に即して行動している。だが、ときとして私たちは、そうした習慣的な営みとは、決定的に異なる行為に導かれる。まさに既定のものが働かない箇所に、人生は少なからず差しかかるものなのだ。そのとき生ずる「決断」ともいわれるそうした行為は、決してマニュアル通りになされるものではない。

ここで私は、第一章で予告した通り、夏目漱石の「淋しい自己」へと戻ろうと思う。『こころ』のKの自殺。「先生」は、親友の自殺の理由を求めて煩悶する。Kは、静に対する失恋のゆえに自殺したのでもなければ、あるいは修行上の理想を前にした自己への幻滅から命を絶ったのでもない。「先生」は、推測可能な、したがって既知の理由をいずれも退けて、説明しがたい一個の感情をKの処決の背後に見る。しかも彼は、「淋しさ」というこの得体のしれないものを、自分自身の内にも認めて慄然とする。

私はKの死因を繰り返し繰り返し考えたのです。其当座は頭がただ恋の一字で支配されていた所為でもありましょうが、私の観察は寧ろ簡単でしかも直線的でした。Kは正しく失恋のために死んだものとすぐ極《き》めてしまったのです。しかし段々落ち付いた気分で、同じ現象に向かって見ると、さう容易《たやす》くは解決が着かないように思われて来ました。現実と理想との衝突、——それでもまだ不充分でした。私は仕舞にKが私のように淋しくって仕方がなくなった結果、急に処決したのではなかろうかと疑い出しました。そうして又慄《ぞっ》としたのです。（夏目、九巻、二九一頁）

結局「先生」をも自殺という行為に誘っていくのは、親友に対する裏切りでも、ましてや乃木希典の殉死に象徴された「明治の精神」の喪失感でもなく、「淋しさ」というほかない「知られざるもの」なのである。もしも私たちが『こころ』に描かれた人間の肖像に感動を覚えるならば、「知られざるもの」に行動の「尺度」を置くことは、私たち自身にとって無縁だとは、少なくともいえないであろう。

† 終末論的な透明性

「知られざるもの」としての尺度は、今まで見てきた造形の行為においても見出しうるように思われる。なるほど制作行為は製作者がそれまで培ってきた型に導かれる。そうした制作は、たとえ無意識であれ、既知なるものに即したものだ。しかし、そのような行為に終りが訪れる。それが製作者によって前もって計画されていたもの、つまり知られていたものの再現ではなく、むしろこれを凌駕するものの出現によって終局が限られるとき、別な完成が恵まれる。自らを導いてきた型がその支配をやめ、その向こうから「もの」が現われてくる瞬間。私の念頭には、李が記述した関根の油土を巡る出会いの仕草がある［図6］。油土は、関根によってちぎったりくっつけたりされながら、関根の具体的制作行為にこびりついていた型から離れ、彼の「象空間の支配」への意志をも脱して、ただの「もの」として、すなわち意味化不可能なものとして、それ自体も意味以前の原事実である時空の内に現われる。李が「透明な広がり」と規定した「知られざるもの」が終局として関根の仕草のすべてを取り集め統べる。この終局は、仕草の終わりとして時間の終わり、すなわちテロスであるが、いうまでもなくそれは、有用性の連関のなかで措定される、その実、暫定的でしかない「最終目的」とは、本質的に異なっている。固定化された「完成」ともちがい歩むべきその先がふっと消え失せてしまった瞬間、自らの制作を支えてきた型の限界に達したという断念を含んだ、いわば終末論的な透明性――おそらくそれは、多くの実作家たちが口にする、「もの」の呼びかけに従ったという、作為性の放棄にも通じているし、柳がいった「もの」によって決定される器のかたちとも、おそらく遠くない。

作り手が己れの支配を断念して制作をやめる地点、そしてそのこととともにただの「もの」がかたちをうる場所――この終極は謎めき、依然として問いに留まる。またそれは、私たちが絶えず生み出さざるをえない生の虚構に対して具体的指示を与えるものではない。だが、具体的な方向性を示さないものなどナンセンスだと思う向きは、行為と規範についてもっている己れのイメージの浅薄さを恥じるべきだ。むしろ私は、こういいたいと思う――「知られざる」尺度としての終末のイメージを、問いの事柄として措定してみたとき、テクノロジーの時代の到る所で展開されている終わりのない虚構産出の営みは、この終末からくる光のなかで、既に「不透明」なものとして浮かび上がってきているではないか、と。そうした営みは、自らの作る作業とその支配意志とを常に肯定し、己れが与える方向付けを唯一絶対のものとして主張するものであり、いってみれば虚構性を自己隠蔽した虚構にほかならない。自己隠蔽は、たとえ精密とはいえ、現在の知見に基づいたものでしかない事柄を、永遠に妥当するものとして主張するという点において、意味作用がそこにおいて成り立つ原事実としての時の場所を塞いでしまうにまで到る。少なくとも私には、浜岡原発を守るために作られんとしている堤防は、そうした不透明な、すなわち自己欺瞞的な虚構が生み出す構築物の一つであり、それが目指している消費社会の理想と同様、どこまでいっても終わりのないどんよりと曇った夢のように映る(3)。

注

▒序章

（1）こうした概念図を初めて描いたのは、二〇〇八年十月二十九日に行なわれたシュトゥットガルト工科大学での講演においてであった。招待の主体であったレナーテ・エルハーフ教授とは、以来今日に到るまで親交を結ぶこととなった。名を記して感謝の表現としたい。

（2）関東大震災後のコミュニズムおよびナショナリズムといった集団主義への変化については、『白樺』の個人主義から出発しながら無名の民衆が産み出す工芸へとシフトした柳宗悦のパラレルな軌跡と合わせて論じたことがある（伊藤 二〇〇三。とくに第四章）。また昭和期の造形と国家との関わりについては、ここで述べた俯瞰図の図式のもとで、川端龍子や横山大観を例にして論じたItō（二〇〇九、二〇一一）を参照されたい。

▒第一章

（1）夏目漱石の著作からの引用・参照に際しては夏目金之助『漱石全集』全二八巻・別巻一（岩波書店、一九九三－一九九九年）の、巻数と頁を示した。

（2）以下の考察は、二〇一四年十一月六日レーゲンスブルク大学で行なった講演Zwei Realismen in der Japanischen Moderne/Takahashi Yuichi und Kishida Ryūsei が基になっている。そのことを記して講演を企画してくれた同大学ロビン・レーム博士に感謝しておきたい。

（3）もっとも西周は、高橋由一入学時には留学のためオランダに向かっている。西は津和野藩藩医の家に生まれたが、彼はオランダ語学習への執念から、幕末佐幕・倒幕に対して微妙な位置をとっていた津和野藩を捨て、幕府下の蕃所調所に入ることになる。高橋由一は一八九三年というから死の前年、西の肖像画を描くが、従来知られていたものに加えて、二〇〇九年もう一枚酷似したものが、西の郷里・津和野の太皷《たいこ》谷《だに》稲成神社で見つかって話題となった。

(4)第三章で扱う浅井忠は、高橋より一回り若い世代に属すが、その浅井の場合ですら、弟達三が回顧しているところによると、当時武士たる者、当然政治を志す時代にあっては、「絵かきなる者は、殆ど俳優落語家と同一視せられし感」(黙語会 一九〇九、四頁)があったという。

(5)眼薬「精錡水」の販売で成功を収め銀座に楽善堂を開くことになる岸田吟香は、医療伝道師としてこの薬の製法を伝えたジェームス・カーティス・ヘボン(James Curtis Hepburn)の『和英語林集成』編纂・出版を手伝い、海外の情報を日本語に訳して伝えた人物として、その多彩な活動とともに幕末から明治初期にかけての開明的知識人に数え上げられる。ヘボンは、横浜居留地に英語塾をもっていた、この地の中心的人物の一人だが、私たちにはなんといっても「ヘボン式」ローマ字表記の名前の由来として知られている。吟香は、高橋と同じく蕃書調所にいた箕作秋坪にヘボンを紹介されたという。ヘボンは、高橋からの依頼を伝えられ、その絵も見ている。

(6)由一は、かつて一八七五年に東京招魂社、すなわち後の靖国神社に《甲冑図》を奉納しているが、これを即座にナショナリズムの表われとみなすことはできない。東京招魂社は、元来戊辰戦争の官軍側の死者を祭ったものだったし、現在のように特殊な意味を帯びてくるのは、ずいぶん後のことだからである。一九一四年に書かれた泉鏡花の『皮鞄《かばん》の怪』のなかには、招魂社がそこに出ていた見世物小屋とともに回顧されるシーンが出てくる(泉 一九七五、五三〇頁)。また小林清親は、一八八〇年頃招魂社界隈で開催されていた競馬の賑わいを図として残している(『小林清親 文明開化の光と影をみつめて』、二四-二五頁)。そういう意味で、九段のかの場所は、同じくサーカスなどがかかっていた秋葉神社あたり(山本 二〇〇五、二一〇頁以下参照)と、さして変わらなかった時代もあった。美化された「伝統」などというものは、せいぜいこんなものなのである。

（7）森鷗外の著作からの引用・参照に際しては、森林太郎『鷗外全集』全三八巻（岩波書店、一九七一－一九七五年）の、巻数と頁を示した。
（8）岸田劉生の著作からの引用・参照に際しては、岸田劉生『岸田劉生全集』全一〇巻（岩波書店、一九七九－一九八〇年）の、巻数と頁を示した。
（9）柳宗悦の著作からの引用・参照に際しては、柳宗悦『柳宗悦全集』全二二巻（筑摩書房、一九八〇－一九九二年）の、巻数と頁を示した。
（10）この原稿は、劉生本人、焼失したと思っていたが、幸い免れて翌年一月『改造』に掲載された（岸田、三巻、六四四頁参照）。
（11）武者小路や柳の言説が、自然との合一に関して楽天的な印象を与えるのに対して、劉生は同じ『白樺』派でも、自己のなかに、己れと相克し己れを破綻させかねない自然を認めていた有島武郎に近いように思える（拙著『柳宗悦――手としての人間』、八一頁以下参照）。
（12）もっともこの言説において、劉生は己れの道を「写実」とのみ限定してはおらず、写実と対極のものとしての「想像」にも開かれたものと考えている。

第二章

（1）永井荷風の著作からの引用・参照に際しては、永井荘吉『荷風全集』全二九巻（岩波書店、一九七一－一九七四年）の、巻数と頁を示した。
（2）《わだつみのいろこの宮》については、これを見た夏目漱石が好印象を覚え、東京府勧業博覧会の作品群のなかで「あれ丈は好い気持ちに出来ている」と『それから』の代助にいわせている（夏目、六巻、六八頁）。一九一二年三月の青木遺作展を見た漱石は、津田青楓宛の書簡のなかで「あの人は天才と思います」（夏目、二四巻、一五頁）

と記し、その記憶を基に、一章でその冒頭を引用した美術評論「文展と芸術」でも、その画面から「自ずと出る霊妙なる空気」(夏目、一六巻、五三二頁)を認めているが、同時代の木下杢太郎(太田、一七巻、二二七頁以下参照)、近いところでは松本清張(松本 一九八二、一一七頁以下参照)などは、青木の「天才」を認めつつも、この作品に必ずしも高い評価を与えていない。

(3) 同年木下は『美術新報』にこの書物を要約して紹介している(太田、八巻、一九八一年、一〇三頁以下)。

(4) この展覧会で協会賞をとったなかには、石村日郎《にちろう》こと靉光《あいみつ》がいた。「歴史の欠如」どころか、「歴史」によって中国大陸に派兵されたこの画家が、終戦の報を聞きながら上海で痛ましくも病死するという運命を辿ってしまったことは、戦後も文化人として活躍していく亀井の歩みとも合わせて、考えてみなければならないことのように思う。

(5) 岡倉天心の著作からの引用・参照に際しては、岡倉天心『岡倉天心全集』全八巻・別巻一(平凡社、一九七九―一九八一年)の、巻数と頁を示した。

(6) 本書第三章、一一一頁、および第三章注(6)参照

(7) そうした岡倉のイメージは払拭されつつあるとはいえ、比較的近年まで続いている(たとえば松本 一九八二、四二頁参照)。

(8) 岡倉と英語との関係に関しては、事実的な情報を記載している、前掲、岡倉一雄『父岡倉天心』とともに、桶谷(一九八二)二一六頁以下参照。

(9) 岡倉と美術工芸の融合を目指したヨーロッパ思想との関係については、大岡(一九八五)二三七頁以下も参照。

(10) 木下長弘のこの評伝『岡倉天心』は、「天心」という名前の検討から始まる資料の丹念な掘り起こしに基づくものであり、今後岡倉について語るには不可欠な著作と思われる。

(11) 梅原猛(一九七六)三九二頁参照。佐野常民は、龍池会発足以前から、ワグネルらとともに伝統工芸を商品とした貿易に尽力してきた人物である(村形 二〇〇〇、一九二頁以下参照)。佐野は有田にワグネルの知る「酸化コバ

ルト絵具の使用法」などを導入させているわけで、彼なりに伝統の「改新」を試みていた。

(12) 岡倉はその政治的パフォーマンスにおいても、単なる「洋画」排除運動に留まったのではないのであり、先に触れた「美術教育施設ニ付意見」において作られるべき「高等美術学校」に西洋画や西洋彫刻の教室を設けよと進言したことも(岡倉、三巻、三九二頁以下)、あながち政治的妥協とはいいがたいのであり、後に東京美術学校に採用されていく黒田清輝との接近も、けっして不可解な出来事ではないといえよう。

(13) 岡倉は美術調査にあたって「寺僧の歓心」を得るために「斎戒沐浴」したこともあったが、開かれた「秘仏」が焼け残りだった場合など、それが時間の無駄だったと感じることができる存在であった(岡倉、四巻、三七頁、柄谷一九九七、五二頁も参照)。その他木下長弘によれば(木下 二〇〇五、一四八頁以下)、岡倉の重要な仕事の一つに美術史があるが、彼の日本美術史講義は、近代国家としての「日本」の意識、個人作家を軸とした組み立て、芸術の民衆への浸透という歴史観、因果的発展の意識、そして時代区分という五つの「方法意識」によって成り立っており、その点で本邦初のこの美術史は、ヨーロッパ的なものといえる。

(14) フェノロサは、ワグネル、キョソーネとともに龍池会の名誉会員に推されていた(村形 二〇〇〇、一九〇頁)。

(15) 岡倉は小山正太郎に向けて書かれた一八八二年の「書ハ美術ナラスノ論ヲ読ム」のなかで、「詩文に関する情」と「書に関する情」を分けることによって、「書は美術ならず」とする小山に対抗している(岡倉、三巻、八頁)。「書」の美術性の擁護は、それ自体「洋画派」の小山との対比においてナショナリスティックに見えるかもしれないが、「美術」(この場合は「芸術」が含意されている)の一般的概念を定義することなく、絵画もしくは彫刻に個別に見られる特徴が書に認められないところをもって、書は「美術にあらず」と断じる非論理的なものとして、岡倉は、小山の「書」批判の不十分性もしくは無根拠性を批判している。こうした論の組み立てのみならず、実用技術と芸術との区別と関係についての意識や芸術としての音楽の位置など、岡倉最初の著述といわれるこの評論は、実は西洋美学についての知識をベースとしたものである。ちなみに岡倉の当該のテクストをもって竹内好も岡倉を「非論理的」

とする見解を退けている（竹内 一九八二、一八五頁以下）。

（16） 高階秀爾（一九八二）二五九頁以下、あるいは梅原（一九七六）四〇五頁参照。木下長弘によれば、日本美術院の「仇敵」の一人大村西崖《せいがい》が既に「朦朧体」とヨーロッパとのつながりを指摘しており、当時「西洋画のものまね」「西洋画と日本画を合体・折衷させようと」するものといった非難が出ていた。付言すれば木下は「朦朧体」と西洋絵画とのつながりを否定してはいないが、岡倉が尾形光琳を範として薦めていたこととの関連にも注目している（木下 二〇〇五、二〇四頁以下）。

（17） しかもテクノロジーの支配は、宮川寅雄が指摘した、岡倉を含む明治ナショナリズムの弱点としての「民権拡張のエネルギー」の喪失（宮川 一九八一、二〇二頁以下）よりも、根の深い問題だと私は考える。というのも、「民主勢力」もまたテクノロジーの支配のもとにあるからである。

（18） 桶谷はこのテクストが、他の彼の英語の著述と異なり、「欧米人読者に対する顧慮をかなぐり捨てた」ものであり、それゆえ日英同盟への影響を考えて未公刊のままだったのではないかと推測している（桶谷 一九八二、二三〇頁以下）。このテクストにThe Awakening of the Eastというタイトルをつけたのは、かの浅野晃だが、木下長弘は、この命名を解体することによって岡倉像を洗い直そうとしている（木下 二〇〇五、二四〇頁以下。英文邦訳の問題を指摘した二八七頁以下も参照）。

（19） 一九一三年の段階のドイツ、しかもベルリン近郊においてさえ、一般にニーチェの著作はなおポルノグラフィーまがいの「やばい本」だったという（上山 一九八六、六〇頁以下参照）。この年、和辻哲郎のニーチェ研究が出版される。

（20） 登張（一九七〇）三一一頁以下。坪内逍遥（ただし匿名）「馬骨人言」（讀賣新聞、一九〇一年十月十二日から十一月七日まで連載）、「帝国文学記者に与えて再びニイチェを論ずるの書」（讀賣新聞、一九〇一年十二月十八日から二十二日まで連載）。

（21） 萬鉄五郎については、伊藤（二〇一〇c）を参照されたい。

第三章

（1） 九鬼隆一は、いうまでもなく哲学者・九鬼周造の父親である。周造は、未発表のままになったエッセイのなかで、根岸に住んでいた頃の思い出を綴っているが、茶店の老女が自分を岡倉の子とまちがえたのに対して岡倉が黙って笑っていたことなど（九鬼、五巻、二三〇、二三五頁）、そこには、母のもとに通ってきていた岡倉に対する情が、居留守を使うこともあった別居中の父に対するよりも細やかなものとして、敬意とともに刻まれている。「母を悲惨な運命に陥れた人」という複雑な思いをもつことがあったとしても、最後に周造はこう呟く――「思出のすべてが美しい。明りも美しい。蔭も美しい。誰れが悪いのではない。すべてが詩のように美しい」（九鬼、五巻、二三八頁）。

（2） 京都時代の弟子の一人・間部《まべ》時雄も、浅井の死後次のようにいっている――「恐らく今先生の諸作を一堂に列べ観る事が出来たらグレー時代のものが最も佳作が多いのに驚く事であろう」（間部 一九九一、八五頁）

（3） 「現今京都工芸学校の石膏製大像及び仏国製の陶器類は多く同君の選択に係れり」（黙語会 一九〇九、一五〇頁）と中澤は振り返っているが、この十九点を含め、中澤が寄贈した作品などとともに、創立時の標本類が、二〇一〇年秋、京都工芸繊維大学美術工芸資料館における「浅井忠が選んだフランス陶磁」展で展示された。展示の際、器物につけられた名称は、フランス製陶器には不釣り合いな和風の命名であったが、標本につけられた名前をそのまま採用したものだそうで、浅井自身のものによるかどうかは定かならずとも、当時のアール・ヌーヴォー受容の様子を懐古させる。創立時に標本選定に加わったなかには、浅井のほか、武田五一もいたという記録が残っているという（同展パンフレット参照）。

（4） 浅井・京都時代の弟子ではないが、彼の薫陶を受けた水彩画家に石川欽一郎がいる。石川は、一九〇七年久々に浅井と再会した翌日（石川の浅井追悼文には、その記憶が敬意とともにしたためられている（黙語会、二二五頁以下」）、日本統治下の台湾に渡り、美術教育家として当地の洋画壇の育成に寄与した。石川の水彩画には、どこか浅井のそれを思わせるところがある。石川については、台湾の美術史家たち、とくに本章の基となった講演を企画してくれた明志科技大学副教授李淑珠から教えられた。日本における数少ない研究として氏から教えられた立花義彰のものを、本書の参考・引用文献に挙げておく。

（5）もっとも間部時雄は、京漆園の領収書を手元に残していて、菓子器のデザイン代として二円五十銭が浅井に支払われたことを記録している（間部 一九九一、八四頁）。

（6）石井柏亭によると、いわゆる「美術学校騒動」に火をつけたのは、東京美術学校の図案科教師・福井復一とされているが（石井 一九二九、七八頁）、福井はパリで浅井と同じ下宿に暮らしていたし、ともにビングのところを尋ねたりもしている（黙語会 一九〇九、三二頁以下、四六、六二、一七六頁）。

（7）日本画作品の《狂女》に、或る種のエロティシズムがあるといえなくもないが、子規の「霜かれや狂女にほゆる村の犬」を題句としてもつ図柄のなかで、それは別なものに変換されているように思えるのであり、少なくともストレートな官能性の表現とはいえないと私は考えている。

（8）二人の関係の詳細は、伊藤（二〇〇八）を参照されたい。

（9）漱石は、自ら絵筆もとったが、ロンドンからの帰国後、橋口貢を始め若い友人たちに出された自筆絵葉書などは、世紀末美術の影を感じさせる。彼の手による絵葉書のなかには、裸体図も含めて洗い髪の女性的形象が少なからず認められる（Itō 二〇一三参照）。

（10）伊藤（二〇一〇a）および Itō（2012）も参照されたい。

（11）『小学習画帖』（一八八五年）の出版（石井 一九二九、二二頁）、神田でのパノラマ制作（石井 一九二九、四七頁以下）などを浅井は、高橋（柳）源吉と一緒におこなった。

（12）黒田重太郎は、次のように述べてもいる――「どうも私はその時分まだこどもでした。ですから何でも先生におうちあけして、いまから考えるとよくあんなことをと、冷汗の出る思いでもあります。併し先生はうるさそうな顔もなさらないで、その時々に従って、あれはどうしたがいい、これはこうす可きものだとお指図下さいました」（黒田一九四二、二二一頁）。

（13）大阪毎日新聞、一九〇七年十二月十九日参照。なおこの作品の情報については、佐倉市立美術館館長前川公秀氏から文献的情報の所在も含めて教示を受けた。記して謝意を示したい。

（14）戦前の皇国史観を「変化のない非合理的なもの」とする先入観に立ち向かった昆野信幸の優れた研究（昆野二〇〇八）を参照されたい。

第四章

（1）岡本にとって、セザンヌは軽蔑の対象どころか、ピカソと並んで、その作品の前で涙を流すほど感動した画家だった。だがそうした画家ですら岡本にとっては、乗り越えられるべき対象である。彼は、ピカソ論でその姿勢を明瞭に示している――「ピカソが今日我々をゆり動かす最も巨大な存在であり、その一挙一動が直ちに、歓喜・絶望・不安である。ならばこそ、敢て彼に挑み否定し去らなければならないのだ」（岡本一九五三、一七頁）。岡本のピカソ批判の骨子は、ピカソが彼自身のなかで完成してしまったことにある。つまり「立体派時代、超現実主義時代、「ゲルニカ」等、彼の一生を通じてみられる不協和音、内に秘めた異質の叫び」、すなわち「彼の本質である強烈な対極の悲劇」を喪失していったことに岡本は批判の目を向けている（岡本一九五三、七四頁以下）。

（2）「抽象派グループは超現実派とは激しく対立していて、お互いにむしろ敵視しあい、行動をともにしないどころか、口もきかないのが普通だったから、私はいささか特異だったかもしれない」（岡本二〇〇〇、二八五頁）――岡本は、両派の関係と自分の位置をこのように回顧している。

（3）バタイユについて、岡本はその秘密結社的運動にも共感をもって参加しながら、バタイユらが「ひたすら権力意思をつらぬこう」とするところに違和感をもち、「もっと人間的な存在のスジ」が別にあるのではないかと思い、それをはっきりとバタイユに告げて決別したという（岡本 一九九八、二三〇頁）。「権力の意思」および「もっと人間的な存在のスジ」の中身は、回想の短さもあって判然としないが、バタイユの研究会でニーチェの「権力への意思」が話題になっていたという。中学時代以来ニーチェに「共感と反撥」を感じてきた岡本は、とくに『悲劇の誕生』におけるアポロン的・ディオニュソス的なものの関係に興味を抱き、現代に失われているものとして「ディオニュゾス的運命、情熱」を挙げている（岡本 二〇〇〇、二七六頁）。ディオニュソス的なものが陶酔の原理として、個別的な仮象を打ち破るものであるとすると、ここで「権力意思」に対抗する「もっと人間的な存在のスジ」とは、あとで触れる主体自身の脱力化とそのあとに広がる場所を指すことになるように読めないこともない。

（4）あえて『白樺』派のメンバーとの近さをいうならば、やはり己れのなかに潜む自己破壊的なエネルギーを絶望的に見ていた有島武郎を挙げるべきだろうと思われるが、岡本のなかに、有島のような破滅的悲しみは見えない。

（5）もっとも『今日の芸術』の岡本は、伝統に批判し敵対する自己のあり方を、そのまま将来的な調和の到来を約束されたものとして安易に表出してしまっているところもある。たとえば彼は、芸術に関する先入観を打破し、互いに批判的意見を交えつつ、芸術という「自由の自覚」を亢進させていけば、すべての人間が芸術家になるといった具合に、楽観的な「弁証法」を口にしている。いわく「日本の家族制度的な陰気さも、こんなふうにすれば、スッ飛んでしまい、ずいぶんあかるい新しい雰囲気が生まれるでしょう」（岡本 一九五四、一六一頁）。これなどは、総合を拒絶する岡本的弁証法と相容れない発言である。もっともそのことは、この著書を出版した光文社の戦略（注（9）参照）の影響かもしれない。ちなみにこの部分は、同じく光文社文庫として再版されたとき、「同質の人間的雰囲気の中に、豊かな信頼感が生まれ、たいへん楽しい家庭になるでしょう」（岡本 一九九九d、一六九頁以下）とさらにマイルドなもの、そして次章で登場する寺山修司が嫌った「家庭」というまた別な神話につながるものに書き換えられている。

（6）　対極主義的自己は、実存主義的色彩の強いものだが、そうした色合いを、バタイユ、あるいはサルトルなど思想家との間の影響関係に還元しても、さして意味があるわけでもなく、思想の実質に接近できるわけでもなかろう。そもそも実存的であることは、主義というかたちには収まらないはずのものであって、岡本がサルトルやハイデガーを挙げて、実存を「説明」することへの違和感を述べているところも、そのあたりの事情を語っていると考えられる。岡本がヘーゲル弁証法における「総合」を拒否したのは、彼によれば「生の実感」にそぐわないからであったが、実存主義との影響関係を底で支えているのは、一九三〇年代を包んだ空気だといった方が、事態に即しているように思われる。

（7）　わざわざ断わるほどのことでもないが、本章で使われる「神話」の概念も、たとえば作品《明日の神話》のような岡本のなかのそれではなく、本書全体においてそうであるように、生を支える虚構的言説一般を指している。

（8）　ただし「縄文土器論」が一九六四年、やはり光文社から出版された『日本の伝統』のなかに取り込まれる際、かなりの変更を加えられている。雑誌論文のときの〈である〉調が、〈ですます〉調に改められたことなどは、次の注で述べるように光文社の大衆向け販売方針に沿ったものとみなすことができるだろうが、目立つ改稿の一つは、論文冒頭近くに書かれていた「いったい伝統とは何であろうか」に始まる伝統一般についての議論がカットされていることである。一千字を超える削除部分からは、主体性による過去の我有化のトーンが鮮明に読み取れる。

（9）　このような大衆志向は、ベストセラーとなった一九五四年の『今日の芸術』に如実に現われている。この著書は、光文社から叢書〈考える世代とともに〉の一つとして出版された。戦争協力を追及される可能性があった講談社によって別途作り上げられた光文社は、神吉晴夫のもと、著者の原稿の忠実な再現を旨としていた編集のあり方に大きな変更を加え、著者・出版社の共同作業による本作りを前面に打ち出し、〈カッパブックス〉で一躍出版界の注目を浴びたが、『今日の芸術』の原稿も、神吉からの注文がつけられ、岡本はむしろそれを喜んで受け入れる方向で、加筆訂正していったと、養女の敏子は回想している（岡本太郎記念館編 二〇〇三、二五七頁）。その際、神吉の要請は

「中学二年生にも分かるように」というものであったが、そのことは岡本が意図した大衆芸術革命の志向とも対応していたわけである。

(10) 岡本は、小熊がこの時代の民衆回帰志向に沿った知識人として挙げている石母田正《いしもだただし》とも交流があった(岡本 一九五八、一三六頁)。

(11) 岡本は、民芸を「にぶくて、暗くて、重たくて、貧相で、質朴を売りものにしているいやったらしさは鼻もちならない」(岡本 一九五八、二五頁)と基本的に嫌っていたし、同じ文化現象に対しても柳と根本的に異なる姿勢を見せた。たとえば朝鮮半島は、二人の文化人がともに関心を抱いた場所だが、柳が「哀傷の美」を見た朝鮮から岡本は「むんむんする人間のにおい。その厚み」(岡本 二〇〇〇、一四六頁以下)を受け取るなど、反応のトーンは根本的にちがっている。民具という有形の器を重視し、その保存・再生産を志向した柳とちがい、喪われていく器物に執着を示さなかった岡本がむしろ無形の呪術に文化のベースを見ていることも、大きな差異であるように思われる。

(12) 岡本の主体主義の神話は、かつて「実用主義とそのヒュマニティのデモクラシイ」に象徴される近代化に抗して「デカダン」の位置を取り、「大衆」を己れとの矛盾の内に抱え込みつつ(保田 一九九九、三三頁以下)、神々との「同殿共床」の神話を語った保田與重郎のロマン主義と、有用性の蝕に投げかけられる否定的主体性の暗い光の夢を紡いだ点では、本質的には同質の出来事だったのではないかと思われる。ちなみに保田と岡本とは、ともに明治の末に生まれた同時代人である。保田もまた伝統について、「古典は過去のものではなく、ただ現代のもの、我々のもの、そしてついには未来への決意のためのものである」(保田 二〇〇一、三三頁)と述べている。もしも一見まったく正反対のイメージを与える保田と岡本との間に思考の構造的共通性が認められるとするならば、また丸山真男が既に戦前に荻生徂徠論などを通して主体性の問題を考え始めていたとするならば、主体性の神話の出現は、戦前体制の政治的崩壊よりも根深いところに、その場所を探らねばならない。私は別稿でこの概念の出現を三木清に辿り、さらに一八九〇年前後のところまで、その水源地帯を探査してみたことがある。これについては、伊藤(二〇一四a)を参照されたい。

第五章

（1）以下、出典注において、「寺山」とだけ表記したものは、すべて寺山修司の著作を示す。

（2）本論は、二〇一三年十月チューリヒ大学ならびにミュンヘン大学で „Terayama Shūjis Film *Den'en ni shisu* (*Sterben auf dem Land*) — Ein Selbstbildnis aus dem Jahr 1974—" のタイトルで行なわれ、一年後レーゲンスブルク大学クリストフ・ワグナー教授企画による連続講演 Zoom Film + Kunstgeschichte の一つとして Dekonstruierte Vergangenheit. Das Selbstsein in den Filmen Terayama Shūjis と改題し補筆のうえなされた講演に基づいている。招待にあたって労をとってくれたラジ・シュタイネック教授（チューリヒ大学）、シモン・ミュラー博士（チューリヒ大学）、エルヴィン・シュルツ教授（ミュンヘン大学）、ロビン・レーム博士（レーゲンスブルク大学）に感謝の意をここに記しておきたい。

講演を準備しながら、没後三十年になる寺山修司が、ドイツ語圏と少なからざる縁をもっていたことに、改めて気づかされた。寺山はその生涯の後半、盛んに海外へ出かけたが、初めて彼の演劇作品が直接ヨーロッパの公衆の目に触れたのは、一九六九年ドイツ演劇アカデミーの招待で、フランクフルトの前衛演劇祭エクスペリメンタ3に《毛皮のマリー》および《犬神》の二作をもって参加したときのことだった。そのとき寺山を招いたマンフレット・フープリヒト氏とは、実は私は若い頃、一緒に仕事をしたことがある。それは、マンフレット・リーデルという著者による解釈学的哲学についての論文集の翻訳だったが、当時私は、哲学研究者としてのみフープリヒト氏を理解しており、寺山の小説『あゝ、荒野』のドイツ語訳も含めて、彼と寺山との関係はまったく知らなかった。氏が寺山を知る機縁となったのは、彼のラジオドラマとの出会いであったという。

もう一つドイツとの関係は、一九七二年のミュンヘン・オリンピック記念芸術祭への参加である。寺山が演出した

《走れメロス》は、メキシコ・オリンピックにおける政治的弾圧をテーマにして、政治からのスポーツの独立性を主張しようとしたものだったが、パレスチナ武装組織「黒い九月」によるテロ事件によって中断を余儀なくされた。寺山は、情報操作によってオリンピックそのものは続行しながら関連の文化行事を中止するという、ドイツ・オリンピック組織委員会の裁定の欺瞞性を批判するため、巨大な人工の鳥をはじめ劇で使った大道具を五千人の人々が集まる前で焼いて見せた。本文でも触れるように政治的アンガージュマンに対して基本的には否定的な姿勢を取り続けた寺山が、おそらくもっとも「政治的」に動いた出来事であった（寺山 一九七四a、一〇一頁以下参照）。

（3）ただしこの逸話に関しては、彼の残した膨大なドキュメントのなかから、そのテクスト的な記録を見出すことがむずかしいという（北川 一九九三、二一八頁参照）。

（4）寺山の場合、母親との関係が前景に出ていることはまちがいないが、『空に本』など初期の短歌集を読むと、意外に父の影も濃い。ただし本章は、寺山個人の研究ではないため、それに立ち入らない。

（5）この映画は、全体を貫くプロットの統一力が、かなり乏しいものである。二〇一四年六月に寺山記念館を訪れた折、この映画の主役であり現在館長を務める佐々木英明氏に聞いたところによると、撮影に際して与えられた台本は、撮影進行とともに、状況に合わせて改変されていったそうである。当時フィルムは高価で撮り直しが効かないうえ、配給元であったアート・シアター・ギルドの予算は、ごく限られたものであった。こういった事情を合わせて察するに、この映画全編を貫くアドリブ的性格は、プロットの支配に対する意図的な抵抗の結果だったといえよう。そのことは最終章で触れる寺山の市街劇にも通ずるもので、動画的資料の乏しい市街劇を考えるために、この映画は少なくとも参考になると思われる。

（6）「化鳥」は、もちろん泉鏡花の作品名から来ている。この映画の主人公に、鏡花の同名作品の影を見出すことはむずかしいが、そもそも鏡花の世界は、異界との交流や母親との濃密な関係など、寺山にとって強いインスピレーションを与えるものの一つだったことはまちがいない。

（7）「見世物小屋」が「啓蒙的」な新劇の対極として、子供たちをわくわくさせる一個の呪術であったことを寺山は、ビデオ《天井桟敷アンソロジー》のなかのインタビューで述べている。

（8）妻が夫に性行為を許さない話は、ラジオドラマ《山姥》にも出てくるが、《田園に死す》でも寝ている妻の布団を夫がめくると、横たわった妻とともに草刈鎌が現われるシーンに、具象化されている。草刈鎌は、母殺しのモチーフにとっても必須のアイテムである。もちろんこれは、性的行為の単純な拒絶に留まらない。死の可能性と隣り合わせにエロスも潜んでいる。

（9）この時期寺山も、現場での警察の権限を強化する警察官職務執行法制定への反対を表明した大江健三郎、石原慎太郎、江藤淳などといったメンバーからなる「若い日本の会」に、谷川俊太郎に誘われるかたちで参加したが、彼らとなんらかの共通の理念を抱いていたとは思えない。むしろ彼は、早晩この会が解散することを、谷川に予言していたという（長尾　一九九七、一七五頁参照）。

（10）長尾はその評伝のなかで、これらのエッセイに触れながら、「政治ばなれしたラジカリスト」と寺山を規定することによって（長尾　一九九七、二六五頁）、彼の「政治発言」を「共感」の外部に置いている。

（11）これは寺山自身もファンであった石原裕次郎の映画のワンシーンの描写といったほうがあたっていよう。

（12）この短歌は、映画のなかで画面上のキャプションと異なり、「大工町米町寺町仏町老母買う町あらずやツバメよ」と順番が替わって朗読されており、以前から疑問に思っていたが、前出佐々木英明氏に直接尋ね、いろいろと教えられた。そもそも短歌の朗読者が佐々木氏ではないかということは想像していたが、それが確かめられるとともに、これは朗読上の佐々木氏のミスで、ファンから質問されるまで、佐々木氏も、そして寺山自身も気づかなかったという。寺山のフィクションである「仏町」以外の町名が、かつて青森市に実在していたことは、当時の地図でたしかに確認できる。「大工町」は五音として動かせないとして、「米町、寺町」の順番は、高校時代駅から学校へ通った者にとって自然だったように記憶していると佐々木氏は私に語ってくれた。佐々木氏がついでに教えてくれたところによると、寺山は彼に次のように命じたという――「英明、意味で切るな、五七の音とリズムだけ追え」。音とリズムは意味よりも、詩作の根源としての時に近いのではないか、そのことを寺山もどこかで知っていたのではないか、佐々木氏の話を聞きながら、そう私は考えた次第である。その後現在に到るまで筆者の些細な質問にも丁寧に答えてくれた氏に感謝したい。

（13）寺山による引用は、ウィドレー（一九五三）四二頁からなされている。

第六章

（1）柳宗悦と現代芸術との思想的類縁性に関しては、Itō（2014）で、物質性への志向に加え、表現の美学からの脱却、反復としての制作、創作主体の複数性と、四点を挙げて論じてみた。この論文は、フライブルク大学ギュンター・フィガール教授の招待による講演がもとになったものである。教授の名前を記して感謝の意を表しておきたい。

（2）『存在と時間』における現存在の意味としての「時間性」とは、事柄としては、本書がいう有用性の蝕が開く場所と同じだと、私は考えている。本書はハイデガー「研究」ではないし、序章で述べた通り、「ハイデガーそのもの」などを求めて争うことが哲学だなどとは、寸分も思っていないので、そのつながりについては、ここでは詳論しない。ただし、伊藤（二〇一四b）を参照すれば、一応の筋は理解していただけるはずである。

（3）本章は、序章付記二に記したように、二〇一四年九月の日本建築学会での報告が元になっている。思いがけない縁を与えてくれた西垣安比古京都大学教授への感謝を最後に記しておきたい。

引用・参考文献

■日本語文献

青木繁『假象の創造・青木繁全文集』（増補版）（中央公論美術出版、二〇〇三年）

赤坂憲雄『岡本太郎の見た日本』（岩波書店、二〇〇七年）

浅井忠「巴里消息」（『ほとゝぎす』第三巻九号、一九〇〇年）

浅井黙語「巴里消息」（『ほとゝぎす』第四巻一号、一九〇〇年）

石井柏亭『浅井忠』（芸艸堂、一九二九年）

泉鏡太郎『鏡花全集』第十五巻（岩波書店、一九七五年）

出川直樹『民藝――理論の崩壊と様式の誕生』（新潮社、一九八八年）

伊藤徹『柳宗悦――手としての人間』（平凡社、二〇〇三年）

伊藤徹「世紀転換期のヨーロッパ滞在――浅井忠と夏目金之助」（『東西学術研究所紀要』第四一輯、関西大学東西学術研究所、二〇〇八年）

伊藤徹「岡本太郎・主体性の神話――対極主義とその亀裂」（『京都工芸繊維大学学術報告書』第四巻（http：//repository.lib.kit.ac.jp/dspace/handle/10212/2028）、二〇一〇年 a）

伊藤徹「深淵をなぞる言語――夏目漱石『彼岸過迄』のパースペクティヴィズム」（伊藤徹編『作ることの日本近代――一九一〇－四〇年代の精神史』世界思想社、二〇一〇年 b）

伊藤徹「個性の来源――萬鉄五郎・生ける静物」（前掲『作ることの日本近代――一九一〇‐四〇年代の精神史』、二〇一〇年c）
伊藤徹「主体性の概念とその淵源」（『京都工芸繊維大学学術報告書』第七巻、二〇一四年a）
伊藤徹「時間性・日常性・歴史性」（秋富克哉・安部浩・古荘真敬・森一郎編『ハイデガー読本』法政大学出版局、二〇一四年b）
今井陽子「浅井忠のモダニティ」（『日本のアール・ヌーヴォー1900‐1923――工芸とデザインの新時代』後掲、二〇〇五年）
岩野泡鳴「青木君に関する追想」（『假象の創造・青木繁全文集』（増補版）前掲、二〇〇三年）
ウィドレー、ウラジミール、深瀬基寛訳『芸術の運命』（創文社、一九五三年）
上山安敏『世紀末ドイツの若者』（三省堂、一九八六年）
梅原猛「解説」（『岡倉天心集』〈近代日本思想体系七〉筑摩書房、一九七六年）
大岡信『岡倉天心』（朝日新聞社、一九八五年）
太田正雄『木下杢太郎全集』（岩波書店、一九八一‐一九八三年）
大室幹雄『志賀重昂『日本風景論』精読』（岩波書店、二〇〇三年）
岡倉一雄『父岡倉天心』（中央公論社、一九七一年）
岡倉天心『岡倉天心全集』全八巻・別巻一（平凡社、一九七九‐一九八一年）
岡本太郎「縄文土器論」（『みづゑ』五五八号、美術出版社、一九五二年）
岡本太郎『青春ピカソ』（新潮社、一九五三年）
岡本太郎『今日の芸術』（光文社、一九五四年）

岡本太郎『日本の伝統』（光文社、一九五六年）
岡本太郎『日本再発見――芸術風土記』（新潮社、一九五八年）
岡本太郎『忘れられた日本――沖縄文化論』（中央公論社、一九六四年）
岡本太郎『呪術誕生』〈岡本太郎の本1〉（みすず書房、一九九八年）
岡本太郎『日本の伝統』〈岡本太郎の本2〉（みすず書房、一九九九年a）
岡本太郎『神秘日本』〈岡本太郎の本3〉（みすず書房、一九九九年b）
岡本太郎『わが世界美術史』〈岡本太郎の本4〉（みすず書房、一九九九年c）
岡本太郎『今日の芸術』〈光文社文庫〉（光文社、一九九九年d）
岡本太郎『宇宙を翔ぶ眼』〈岡本太郎の本5〉（みすず書房、二〇〇〇年）
岡本太郎、岡本敏子・飯沢耕太郎監修『岡本太郎の東北』（毎日新聞社、二〇〇二年）
岡本太郎『岡本太郎　神秘』（二玄社、二〇〇四年）
岡本太郎記念館編『連続講座　岡本太郎と語る　'01／'02』（二玄社、二〇〇三年）
岡本敏子・川崎市岡本太郎美術館編『対談集　岡本太郎　発言！』（二玄社、二〇〇四年）
岡本敏子・齋藤愼爾編『岡本太郎の世界』（小学館、一九九九年）
桶谷秀昭「岡倉天心と英語――美とアジア主義」（『岡倉天心――人と思想』平凡社、一九八二年）
小熊英二『〈民主〉と〈愛国〉――戦後日本のナショナリズムと公共性』（新曜社、二〇〇二年）
亀井勝一郎「廃墟への感傷――天心の背後にあるもの」（『岡倉天心――人と思想』前掲、一九八二年）
柄谷行人「美学の効用――「オリエンタリズム」以後」（『批評空間』第二期第一四号、一九九七年）
岸田劉生『岸田劉生全集』全一〇巻（岩波書店、一九七九－一九八〇年）

木田拓也「日本のアール・ヌーヴォー1900－1923――「新しい芸術」としての工芸」（『日本のアール・ヌーヴォー1900－1923――工芸とデザインの新時代』後掲、二〇〇五年）
北川登園『職業・寺山修司――虚構に生きた天才の伝説』（日本文芸社、一九九三年）
木下長宏『岡倉天心』（ミネルヴァ書房、二〇〇五年）
九鬼周造『九鬼周造全集』第五巻（岩波書店、一九八一年）
九条今日子『ムッシュウ・寺山修司』（筑摩書房、一九九三年）
九条今日子『回想・寺山修司――百年たったら帰っておいで』（角川書店、二〇一三年）
黒田重太郎『畫房襍筆』（湯川弘文社、一九四二年）
昆野伸幸『近代日本の国体論――〈皇国史観〉再考』（ぺりかん社、二〇〇八年）
佐藤敬二「杉林古香・人と作品」（『浅井忠の図案展』後掲、二〇〇二年）
椹木野衣『日本・近代・美術』（新潮社、一九九八年）
椹木野衣『黒い太陽と赤いカニ――岡本太郎の日本』（中央公論新社、二〇〇三年）
島田康寛「浅井忠の芸術」（『浅井忠展・没後九〇年記念』後掲、一九九八年）
島田康寛『浅井忠と京都洋画壇』（至文堂、一九九五年）
高階絵里香『異界の海』（三好企画、二〇〇〇年）
高階秀爾「開かれた伝統主義者　岡倉天心」（『岡倉天心――人と思想』前掲、一九八二年）
高取英『寺山修司――過激なる疾走』（平凡社、二〇〇六年）
高橋和巳「思想家としての岡倉天心」（『高橋和巳全集』第一三巻、一九七八年）
高橋由一「高橋由一履歴」（『明治芸術・文学論集』〈明治文学全集79〉筑摩書房、一九七五年）

高濱虚子「黙語先生送別会」(『ほとゝぎす』三巻四号、一九〇〇年)
高村光太郎『高村光太郎全集』第四巻(筑摩書房、一九七六年)
高山樗牛「文明批評家としての文学者」(『高山樗牛・齋藤野の人・柿崎嘲風・登張竹風集』〈明治文学全集40〉筑摩書房、一九七〇年)
竹内好「岡倉天心――アジア観に立つ文明批判」(『岡倉天心――人と思想』前掲、一九八二年)
立花義彰「石川欽一郎――人と作品(上)」(『静岡県立美術館紀要』第七号、静岡県立美術館、一九八九年)
立花義彰「石川欽一郎――人と作品(中)」(『静岡県立美術館紀要』第一一号、静岡県立美術館、一九九四年)
田中久文『丸山真男を読み直す』(講談社、二〇〇九年)
津田楓風「黙語先生を訪ふ」(『小美術』第一巻第三号、一九〇四年)
坪内逍遥『当世書生気質』(改版)(岩波書店、二〇〇六年)
登張竹風「美的生活とニイチエ」、「解嘲」、「馬骨人言を難ず」(『高山樗牛・齋藤野の人・柿崎嘲風・登張竹風集』前掲、一九七〇年)
寺山修司『誰か故郷を想はざる』(芳賀書店、一九六八年)
寺山修司『書を捨てよ、町へ出よう』(角川書店、一九七〇年)
寺山修司『家出のすすめ』(角川書店、一九七二年)
寺山修司『死者の書』(土曜美術社、一九七四年a)
寺山修司『花嫁化鳥――日本呪術紀行』(日本交通公社、一九七四年b)
寺山修司『犬神家の人々――寺山修司・幻想写真館』(読売新聞社、一九七五年)
寺山修司『田園に死す・草迷宮』(フィルムアート社、一九八三年a)

寺山修司『寺山修司戯曲集3　幻想劇篇』（構想社、一九八三年b）
寺山修司『寺山修司全シナリオI』（フィルムアート社、一九九三年）
寺山修司『寺山修司青春歌集』（角川書店、二〇〇五年）
寺山はつ『母の蛍』（新書館、一九八五年）
寺山偏陸『寺山修司記念館①』（テラヤマワールド、二〇〇〇年）
外山正一「日本絵画の未来」（『明治芸術・文学論集』二〇一三年）
永井壮吉『荷風全集』全二九巻（岩波書店、一九七一－一九七四年）
長尾三郎『虚構地獄　寺山修司』（講談社、一九九七年）
中澤岩太「故浅井教授と図案」（『黙語図案集』芸艸堂、一九〇八年）
夏目金之助『漱石全集』全二八巻・別巻一（岩波書店、一九九三－一九九九年）
フェノロサ、アーネスト『フェノロサ美術論集』（中央公論美術出版、一九八八年）
二葉亭四迷『二葉亭四迷全集』第一巻（岩波書店、一九八一年）
フリッツ、ヘルムート、香川檀訳『エロチックな反乱――フランチスカ・ツー・レーヴェントローの生涯』（筑摩書房、一九八九年）
本多秋五『「白樺」派の文学』（新潮社、一九六〇年）
前川公秀「東京から京都へ、浅井忠の思い」（『浅井忠展・没後九〇年記念』後掲、一九九八年）
前川公秀「浅井の図案、京都工芸界への遺響」（『浅井忠の図案展』後掲、二〇〇二年）
松本清張『青木繁と坂本繁二郎』（新潮社、一九八二年）
間部時雄「浅井先生の思い出」（『間部時雄展』三重県立美術館、一九九一年）

マルケ、クリストフ「工芸の革新をめざした画家、浅井忠――忘れられた黙語の図案をふりかえって」(『浅井忠の図案展』後掲、二〇〇二年)
丸山眞男『丸山眞男集』第三巻(岩波書店、一九九五年)
丸山眞男「諭吉・天心・鑑三」(『岡倉天心――人と思想』前掲、一九八二年)
三浦雅士『寺山修司――鏡のなかの言葉』(新書館、一九八七年)
宮川寅雄「明治ナショナリズムと岡倉天心」(『岡倉天心――人と思想』前掲、一九八二年)
村形明子『アーネスト・F・フェノロサ文書集成――翻刻・翻訳と研究(上)』(京都大学学術出版会、二〇〇〇年)
村上義男『萬鐵五郎――土沢から茅ヶ崎へ』(有隣堂、一九九一年)
黙語会『木魚遺響』(芸艸堂、一九〇九年)
武者小路実篤『武者小路実篤全集』第一巻(小学館、一九八七年)
森林太郎『鷗外全集』全三八巻(岩波書店、一九七一―一九七五年)
柳宗悦『柳宗悦全集』全二二巻(筑摩書房、一九八〇―一九九二年)
保田與重郎『英雄と詩人』(新学社、一九九九年)
保田與重郎『改版　日本の橋』(新学社、二〇〇一年)
山崎正和『鷗外――戦う家長』(河出書房新社、一九七二年)
山崎正和『不機嫌の時代』(講談社、一九八六年)
山野英嗣「浅井忠――「図案」への意志」(『浅井忠展・没後九〇年記念』後掲、一九九八年)
山本笑月『明治世相百話』(改版)(中央公論新社、二〇〇五年)

山脇信徳「木下杢太郎君らに」(『白樺』第二巻一二号、一九一一年)
萬鐵五郎『鉄人画論』(中央公論美術出版社、一九八五年)
米屋優「中澤岩太と京都の美術工芸」(神林恒道編著『京の美学者たち』晃洋書房、二〇〇六年)
吉原治良「具体美術宣言」(『芸術新潮』一九五六年十二月号、新潮社、一九五六年)
李禹煥『出会いを求めて　新しい芸術の始まりに』(新装改訂版)(田畑書店、一九七四年)
李禹煥『余白の芸術』(みすず書房、二〇〇〇年)

▩外国語文献

Benjamin, Walter, Das Kunstwerk im Zeitalter seiner technischen Reproduzierbarkeit, in : *Gesammelte Schriften* Band 1, Teil 2, hrsg. von Rolf Tiedemann und Hermann Schweppenhäuser, Frankfurt am Main, 1974.

Heidegger, Martin, *Vorträge und Aufsätze*, 4. Aufl., Pfullingen, 1978.

Heidegger, Martin, *Denkerfahrungen* 1910-1976, Frankfurt am Main, 1983.

Itō, Tōru, Die Industrialisierung und die Kunst in der japanischen Moderne――Die Mythen im technischen Zeitalter(京都工芸繊維大学　学術報告書、第二巻、二〇〇九年)

Itō, Tōru,The spirits of the age in modern Japanese art and its philosophical significance―― Some remarks on Yuichi Takahashi, the “Shirakaba” school, and Ryuhshi Kawabata etc.(『東西学術研究所紀要』第四四輯、関西大学東西学術研究所編、二〇一一年)

Itō, Tōru, Natsume Sōseki und die Zwecklosigkeit des Lebens als das Wesen der Modernisierung, *Asiatische Studien* LXVI-I, 1/2012, Schweizerische Asiengesellschaft, Bern, 2012.

Itō, Tōru, Natsume Sôseki–An attempt of Kusamakura as an imagery novel（京都工芸繊維大学　学術報告書、第六巻、二〇一三年）

Itō Tōru, Yanagi Muneyoshi, Eine Kunsttheorie im technischen Zeitalter, *International Yearbook for Hermeneutics / Internationales Jahrbuch für Hermeneutik*, hrsg. von Günter Figal, Tübingen, 2014.

Weber, Max, *Gesammelte Aufsätze zur Wissenschaft*, hrsg. von Johannes Winkelmann, Tübingen, 1988.

■図版カタログなど

『浅井忠展・没後九〇年記念』（京都国立近代美術館ほか編、京都新聞社、一九九八年）

『浅井忠の図案展』（愛媛県美術館・佐倉市立美術館編、二〇〇二年）

『浅井忠と関西美術院展』（志賀秀孝・清水佐保子・企画編集、府中市美術館ほか、二〇〇六年）

『浅井忠と京都――１９００年～１９０７年』（京都工芸繊維大学美術工芸資料館、二〇一〇年）

『浅井忠が選んだフランス陶磁――明治35年購入の図案科標本より』（京都工芸繊維大学美術工芸資料館、二〇一〇年）

『小林清親　文明開化の光と影をみつめて』（練馬区立美術館・静岡市美術館編、二〇一五年）

『再考・近代日本の絵画／美意識の形成と展開』（東京藝術大学大学美術館ほか編、セゾン現代美術館刊行、二〇〇四年）

『生誕一二〇年岸田劉生展』（愛知県立美術館ほか編、東京新聞社、二〇〇一年）

『日本のアール・ヌーヴォー１９００－１９２３――工芸とデザインの新時代』（東京国立近代美術館ほか編、東京国立近代美術館、二〇〇五年）

『平成二四年度豊田市郷土資料館特別展・明治の傑人／岸田吟香』（豊田市郷土資料館編、二〇一二年）
『「美は甦る／検証二枚の西周像――高橋由一から松本竣介まで展」図録』（神奈川県立美術館編、二〇一二年参照）
讀賣新聞データベース『明治の讀賣新聞』および『大正の讀賣新聞』
『大阪毎日新聞』（マイクロフィルム）
『京都日出新聞』（マイクロフィルム）

あとがき

人は誰でも神話のなかに住んでいる。カタツムリがその柔らかな体を保護すべく作り上げたカラにも似たこの住まいから、私たちは世界をうかがい、生の道筋を定める。だが神話という語りは、固いもののように見えながら、時のなかで脆く崩れていくし、ドラスティックに壊れることもある。そうした変化を、幾人かの芸術家たちの創作の内に眺めてみたのが本書なのだが、根拠づけられない神話的虚構を纏うことは、人間の不可避的な運命でもある。そういったことを考えるに到った始まりが、私の場合マルティン・ハイデガーのいう「生の事実性」や「被投性」にあったことは、私自身自覚している。さらにまたこれらの概念は、私を日本近代精神史に導いたものでもあった。というのも「事実性」を己れの問題として受け止めることは、自分自身を形づくっている歴史的過去へと問いかけることだからである。

もっとも私自身が現在まで背負ってきたカラ、つまり私にとってもっとも問わねばならない神話は、ここで扱われた日本の芸術家や知識人たちのそれと同じものではない。今までの人生を振り返ってみて、個人的には重要な選択をしたとき、その判断を支えたのが、好むと好まざるとにかかわらず、「家族」という神話だったのは否定しがたい。実父の癌発病が分かったのは今から二十年ほど前、バブルのなかで購入した家も売り払い、静岡の実家に戻ったが、京都に職場をもちながらのこうした選択は、やはり尋常でなかったと、今さらながら思う。今も辛うじて存命している老父母を含め、いわゆる「家族」をそれほどまでに強く「愛」していたかというと、私をよく知る人びとならば、そのような感情を私の内に認めないだろうし、なにより私自身のなかにそうした実感がない。無理な帰郷までしたのに、両親の前でかたくなに構えてしまう自分を見出すことも稀でなく、もう少し優しくしてやればよかったと後悔するにちがいないとさえ感じている。それでも私自身の存在の底の方に、とりあえずは「家族」と呼ぶしかない、得体の知れない「空気」のようなものが淀んでいて、結局これが私を導いてきたと思うほかない。国家に対して敵対的とはいわないまでも非融和的である点で、それは、高橋由一や浅井忠のところで見たような明治の家共同体と明らかに異なっているし、高度経済成長によってもたらされ寺山修司が呪ってみせた小市民的家庭とも、類似点はあるにしても、やはりどこか本質的にちがっている。本書の仕上げをしているうちに両親は、相次いで「家」に居られなくなり、介護施設に入所した。私自身の息子たちも間もなく巣立とうとしている。私にとっての神話だった「家族」の少なくとも事実的な部分は綻び、潰《つい》える日もそれほど遠くないことを予感しながら、私は自分がなお呼吸している「空気」を、暗闇に潜んでいた生物に出会ったかのように、訝しく見つめている。私個人にとっての本書の「功徳」は、といえば、こうして、いってみれば自宅の縁の下を改めて覗き見る機会と探照灯とを与えてくれたところだったかもしれない。

「家族」という私の「空気」も含め、人がそれとともに生きる神話は本質的に脆いものの、人はこれに固着し、これに支えられて戦う。それが人間の活力の源でもあることはまちがいない。もっとも、それが巨大化し自立化し、一個の権力となったとき、災厄をもたらすことは十分ありうる。今日危険な神話といえば、バクダーディをカリフとして崇めるイスラム国に、たやすく思い到るだろうが、「奇怪」なものとしてこれを恐れる側にも、同質の危うさの種子はばらまかれている。迫り来る具体的な暴力に対抗するには、さまざまな所作が必要だろうが、私たち自身が拠って立っている神話に自覚的であることこそ、実際の対抗措置をとる以前に必要な基本的処方箋ではないか——そんなふうに私は考えているのである。

この夏の末、初めて東北自動車道を完走したが、長い道すがら車のなかで鳴り続けた中島みゆきの曲のなかで、《Nobody Is Right》が耳に残った。

もしも私が全て正しくてとても正しくて周りを見れば
世にある限り全てのものは私以外は間違いばかり
もしもあなたが全て正しくてとても正しくて周りを見れば
世にある限り全てのものはあなた以外は間違いばかり
つらいだろうね　その一日は
嫌いな人しか出会えない
寒いだろうね　その一生は
軽蔑だけしか　いだけない

もしも歌い手のいうのが当たっているならば、自分自身が「正しくない」ことに気づくとき、私たちは、あたたかな人生に恵まれるはずである。

＊　＊　＊

「作ること」への問いをもって日本の精神史と関わって早くも二十年近くが経過した。本書に集めてみたのは、そうした過程から拾い集めてきた論文である。その歩みは、さまざまなジャンルで活躍する、多くが私より若い研究者たちとのコラボレーションでもあった。「哲学」という知を固定化せぬよう、私にとっては意図して仕組まれた活動だったにせよ、若い知性たちは、私をさまざまな考え方感じ方との出会いに導いてくれたのであり、今こうして辿った跡を振り返ってみると、われながら思いがけない場所まで彷徨ってきた気がする。加えて知性の輪は、いつのまにか海外にも知己を見出していったのであって、このことなど道に就いた当初は思いもよらなかったことというほかない。そうした縁があって、本書はなんとか生まれたわけで、最後に、国内外を含め関わりのあった友人たちに、感謝とともに、ともあれなお歩いていることを報告する次第である。この縁のなかには、本書に素敵な装丁と扉絵を与えてくれたデザイナー・池口友理さん、そして企画と編集の労をとってくれたナカニシヤ出版・石崎雄高さんの二人の名は、もちろん欠かすことができない。

二〇一五年初秋　筆者　記

＊　本書のもととなった研究は、以下の日本学術振興会基盤研究（B）の助成を受けたものである。
・平成十九年度「作ることの視点における一九一〇－四〇年代日本近代化過程の思想史的研究」（19320019）
・平成二十一年度「一八九〇－一九五〇年代日本における《語り》についての学際的研究」（21320021）
・平成二十四年度「《主体性》概念を基軸とした日本近代化過程における《自己》造形に関する学際的研究」（24320023）

タ　行

ナ　行

ハ　行

マ　行

ヤ・ラ・ワ　行

事項索引

マ　行

ヤ　行

ラ・ワ　行

サ　行

タ　行

ナ　行

ハ　行

人名索引

ア　行

カ　行

■著者略歴
伊藤　徹（いとう・とおる）
1957年　静岡市に生まれる。
1980年　京都大学文学部卒業。
1985年　京都大学大学院文学研究科博士後期課程研究指導認定退学。
現　在　京都工芸繊維大学教授。（哲学・近代精神史専攻）。京都大学博士（文学）
著　書　『柳宗悦　手としての人間』（平凡社, 2003年），『作ることの哲学――科学技術時代のポイエーシス』（世界思想社, 2007年），『作ることの日本近代――一九一〇-四〇年代の精神史』〔編著〕（世界思想社, 2010年），*Aufnahme und Antwort Phänomenologie in Japan I*〔共著〕（Königshausen & Neumannn, Würtzburg, 2011），*Wort-Bild-Assimilationer/Japan and die Moderne*〔編著〕（Gebr. Verlag Berlin, 近刊），他。

芸術家たちの精神史
――日本近代化を巡る哲学――

2015年12月31日　初版第1刷発行

著　者　伊　藤　　徹
発行者　中　西　健　夫

発行所　株式会社　ナカニシヤ出版
〒606-8161　京都市左京区一乗寺木ノ本町15
TEL (075) 723-0111
FAX (075) 723-0095
http://www.nakanishiya.co.jp/

印刷／製本・亜細亜印刷
＊乱丁本・落丁本はお取り替え致します。
ISBN978-4-7795-0976-6　Printed in japan

なぜ、私たちは恋をして生きるのか
――「出会い」と「恋愛」の近代日本精神史――

宮野真生子

九鬼周造の『「いき」の構造』を手掛かりに、近代日本における恋愛と自己の関係を探り、「恋」と「いき」の対比の先に、人を愛することの本質を炙り出す。いま日本を生きる私達のための恋愛の哲学。　二四〇〇円＋税

エスト・エティカ
――〈デザイン・ワールド〉と〈存在の美学〉――

山田忠彰

倫理学のテーマである人間的生の存在論的探求の問題に、美学的知見を同時に援用することによって、人間のあり方と芸術との密接不可分な存在論的関係を明らかにすることに挑んだ意欲作。　二八〇〇円＋税

なぜ人は美を求めるのか
――生き方としての美学入門――

小穴晶子

古今東西の思想と芸術を、分かりやすく比較しながら紹介し、さらに私たちが生きるということ自体が美を求めているのだということを平易に説いた、類書のない美学入門。　二二〇〇円＋税

デザインのオントロギー
――倫理学と美学の交響――

山田忠彰・小田部胤久　編

美に惹かれ、形式を認識し、質感を感得することから、文化的な意味や価値が生まれる。人間を〈デザインする存在〉と捉え、共に生きるための公共空間を倫理学と美学の交響の中から描き出す。　二六〇〇円＋税

＊表示は二〇一五年十二月現在の価格です。